对外贸易与经济增长关系

刘 楠 著

中国原子能出版社

图书在版编目（CIP）数据

对外贸易与经济增长关系 / 刘楠著.--北京：中
国原子能出版社，2023.11
ISBN 978-7-5221-3102-3

Ⅰ.①对… Ⅱ.①刘… Ⅲ.①对外贸易–关系–中国
经济–经济增长–研究 Ⅳ.①F752②F124.1

中国国家版本馆 CIP 数据核字（2023）第 220967 号

对外贸易与经济增长关系

出版发行	中国原子能出版社（北京市海淀区阜成路 43 号　100048）
责任编辑	杨晓宇
责任印制	赵　明
印　　刷	北京天恒嘉业印刷有限公司
经　　销	全国新华书店
开　　本	787 mm×1092 mm　1/16
印　　张	13
字　　数	218 千字
版　　次	2023 年 11 月第 1 版　2023 年 11 月第 1 次印刷
书　　号	ISBN 978-7-5221-3102-3　　　　定　价　**72.00 元**

前　言

对于一个全球化时代的国家，对外贸易是国家经济发展的重要支柱和驱动力，它不仅能为国家带来经济增长和就业机会，还能促进技术转移、知识共享和文化交流。改革开放以来，我国的对外贸易与经济增长取得了巨大成就。近些年来，中国对外贸易逆势增长，规模创历史新高，实现稳中提质，高质量发展不断取得新成效。在全球贸易保护主义阴霾下，中国坚持扩大开放，用一系列实际举措坚定支持贸易自由化和经济全球化，"开放红利"惠及全球，为全球经贸复苏增长注入动力。进入"十四五"时期后，世界正经历百年未有之大变局，国际环境极其复杂，不稳定不确定因素明显增多。同时，中国经济已进入高质量发展阶段，经济发展前景向好。在"加快形成以国内大循环为主体、国内国际双循环相互促进的新发展格局"重大战略安排下，中国将"站在历史正确的一边"，继续坚定不移地扩大对外开放，中国对外贸易也将在新发展格局中发挥出愈加积极的战略性作用，促进我国经济的持续增长。本书将围绕对外贸易与经济增长展开论述。

本书共分五章。第一章为对外贸易的概论，分别介绍了四方面的内容，依次为对外开放与对外贸易、对外贸易的类型、对外贸易的发展战略、中国对外贸易发展的理论基础；第二章为经济增长的概论，介绍了经济增长的含义、经济增长的理论、经济增长的类型三方面的内容；第三章对外贸易与经济增长的关系，分别介绍了对外贸易与经济增长关系的研究、对外贸易价格

与经济效益、提高对外贸易经济效益的有效措施三方面的内容；第四章为中国对外贸易发展策略，主要介绍了深化服务贸易改革开放、加强政策指导与协调、加快发展跨境电商与数字贸易、推动构建全球经济合理布局四方面的内容；第五章为中国对外贸易发展存在的主要问题与优势和机遇，分别介绍了三个方面的内容，依次为中国对外贸易发展存在的主要问题、对外贸易发展的优势、对外贸易发展的机遇。

在撰写本书的过程中，作者得到了许多专家学者的帮助和指导，参考了大量的学术文献，在此表示真诚的感谢！本书内容系统全面，论述条理清晰、深入浅出。但由于作者水平有限，加之时间仓促，本书难免存在一些疏漏，在此，恳请同行专家和读者朋友批评指正！

目　录

第一章　对外贸易的概论……………………………………………………1

　第一节　对外开放与对外贸易………………………………………1

　第二节　对外贸易的类型……………………………………………9

　第三节　对外贸易的发展战略………………………………………12

　第四节　中国对外贸易发展的理论基础……………………………50

第二章　经济增长的概论……………………………………………………81

　第一节　经济增长的含义……………………………………………81

　第二节　经济增长的理论……………………………………………82

　第三节　经济增长的类型……………………………………………85

第三章　对外贸易与经济增长的关系………………………………………88

　第一节　对外贸易与经济增长关系的研究…………………………88

　第二节　对外贸易价格与经济效益…………………………………90

　第三节　提高对外贸易经济效益的有效措施………………………104

第四章　中国对外贸易发展策略……………………………………………107

　第一节　深化服务贸易改革开放……………………………………107

　第二节　加强政策指导与协调………………………………………121

第三节　加快发展跨境电商与数字贸易 ································· 122

第四节　推动构建全球经济合理布局 ································· 155

第五章　中国对外贸易发展存在的主要问题与优势和机遇 ················ 160

第一节　中国对外贸易发展存在的主要问题 ················· 160

第二节　中国对外贸易发展的优势 ························· 193

第三节　中国对外贸易发展的机遇 ························· 197

参考文献 ····································· 201

第一章　对外贸易的概论

本章介绍对外贸易的概论，主要从四个方面进行了阐述，分别是对外开放与对外贸易、对外贸易的类型、对外贸易的发展战略、中国对外贸易发展的理论基础。

第一节　对外开放与对外贸易

一、对外开放

中华人民共和国成立以后，中国的经济建设获得了长足的发展，并在此过程中取得了很多的成就。高度集中的计划经济体制和闭关自守的对外政策已经逐渐不符合中国经济发展的要求。1978 年，党的十一届三中全会揭开了社会主义改革开放的序幕，标志着中国从此进入了改革开放和社会主义现代化建设的历史新时期。

（一）对外开放的基本含义

对外开放是中国依据独立自主、平等互利的前提，根据国际化和社会主义市场经济发展的客观要求，在党的领导和社会主义制度的框架下提出的一项政策，它旨在促进我国社会主义物质文明的建设和发展，实现中国与世界

的科学技术、文化教育、宗教艺术等方面的交流与合作。但是经济是开放的基础,对外开放政策的核心指的是经济方面。因此,对外开放的基本含义是:大力发展和不断加强对外经济技术交流,积极参与国际交换和国际竞争,以生产和交换的国际化取代闭关自守和自给自足,促进经济的变革,使我国的经济结构由封闭型经济转变为开放型经济,促进国民经济健康快速发展,以更快的速度推动社会主义市场经济的进程。

中国的对外开放政策是一视同仁的,意味着中国向全球各国和地区敞开大门,无论其政治制度是社会主义还是资本主义,无论其经济是处于相对落后阶段还是处于相对较好阶段,即无论是发展中国家还是发达国家,无论其国家规模大小,中国都乐于与其发展平等互利的贸易经济合作。中国的开放政策旨在学习、借鉴世界各地的长处,汲取各方面能为我国所用的优点。因为中国需要进行现代化建设,并且不同国家和地区的发展情况不同,尤其是在经济技术领域。因此中国根据客观需要,同一些国家和地区展开合作,发展速度则会快一些,这是一个普遍存在的国际现象。但是,这种情况也会随着经济形势的演变而发生变化。

(二)对外开放政策的确立

虽然在 20 世纪 50 年代,中国与苏联、东欧维持着良好的政治与经济关系,与西方也有一定的贸易和技术引进,但从总体上说,中国与其他国家的往来并不密切,这也拉大了中国同世界各国的经济发展水平差距。直到 1976 年,中国逐渐认识到对外开放的重要性,就一些重要问题展开了讨论,并达成了共识。

一是经历过第二次世界大战后,发达资本主义国家的社会经济经历了翻天覆地的改变,科技和经济迅速发展,这给中国提供了很多有益的经验和启示。

二是中国的社会主义经济建设虽然取得了很大的成绩,但与资本主义国家相比还比较落后,与发达国家的发展差距不是缩小了,而是扩大了。

三是发达的资本主义国家希望和中国建立经济合作,因为它们需要一个能够进行投资和销售产品的市场,与中国合作符合它们的政治和经济利益考量。

四是我们可以考虑采用许多国际通行的方法来发展对外经济关系,如补

偿贸易、合作生产和引进国外投资等。

综上，于 1978 年党的十一届三中全会做出决策，决定积极推动我国与世界各国开展经济合作，引进并应用最先进的技术和设备。1980 年 6 月，邓小平同志在接待外宾时，首次将中国的对外经济政策表述为"对外开放"。1981 年 11 月，在第五届人大四次会议上，政府工作报告进一步明确指出："实行对外开放政策，加强国际经济技术交流，是我们坚定不移的方针。"1982 年 12 月，中国实行了对外开放政策，并在《中华人民共和国宪法》中正确确定了其作为中国的基本国策。

（三）对外开放政策的主要内容

对外开放政策的主要内容是：积极推动外贸发展，扩大出口贸易的规模；积极引进先进的技术和设备，尤其是那些能够帮助企业提高技术水平和推动行业升级的先进技术；充分挖掘外资的潜力并加以利用；积极开展国际工程承包和劳务合作；加大对外技术援助力度和探索互惠互利的合作模式；设立经济特区和开放沿海城市，推动内地开放。

对外开放的核心要素包括发展对外贸易、吸引外来投资和引进先进技术。发展对外贸易提供了外资运用和技术引进的物质基础，同时这也是对外开放政策的最根本的内容。中国视扩大出口为实施开放政策的关键举措之一，以促进技术引进和外资利用的物质基础。从这个角度看，中国扩大出口的程度和范围决定了其对外开放的程度。外来投资和先进技术都与对外贸易密切相关，为了吸引外来投资和引进先进技术，中国采取了设立经济特区和开放沿海港口城市以及沿海广大地区的措施。另外，推动对外开放政策的实施，还强调加强对外经济技术合作与交流。

二、对外贸易

（一）对外贸易的定义

对外贸易是指一个国家与其他国家或地区之间进行的商品和服务的交

换活动。它是国家经济活动的重要组成部分，是国内贸易的延伸和补充，旨在通过全球资源的配置，实现商品和服务的最大效用。

（二）中国对外贸易的建立

在中华人民共和国成立后，中国立即废除了帝国主义在中国的一切特权，没收了官僚资产阶级在对外贸易中的利益，并建立了国营对外贸易企业和改造民族资本的进出口业。这一系列措施最终推动了全国范围内的社会主义对外贸易的实现。

（三）中国对外贸易的发展

中国社会主义对外贸易大体上经历了以下几个时期。

1. 中华人民共和国成立初期

在中华人民共和国成立之初，我国社会经历了残酷的战争破坏，这导致工农业生产遭受了极大的损失。国民经济面临着严峻的考验，同时，帝国主义对中国采取了敌视的做法。在这段时间里，中国与苏联、东欧的社会主义国家等发展了友好的经济贸易关系。同时，中国还与主要的资本主义国家，如美国，进行了激烈的斗争，反对他们的封锁和禁运。中国及时进口了必要的重要物资和原材料，恢复和发展了工农业以及交通运输业，并相应地组织了农副产品和一些原料产品的出口。中国通过开展对外贸易取得了重要胜利，成功反制了封锁和禁运，同时也恢复和发展了国内经济，提高了工农业生产能力，开展了对外贸易，在促进城乡物资交流、改善民生，以及在抗美援朝中都发挥了积极作用。

2. 第一个五年计划时期

自 1953 年起，中国投入大量精力进行经济建设。确立中国社会主义工业化的基础是国民经济的核心任务，需要集中所有资源来实现。因此，为了实现社会主义工业化，中国积极策划并组织了来自苏联的 156 个大型项目，以及所需的工业器材和原材料，还增强了与东南亚和西方国家的贸易合作，

引进了一些重要物资[①]；到 1957 年为止，进口的生产资料比例已经大幅提高。由于工农业的逐步恢复和发展，中国的出口贸易获得了显著的增长。在出口商品的结构方面，也有很大的变化。除传统的农副土特产品之外，越来越多的工业品和成套设备也在出口贸易中占据了重要地位。自 1956 年起，中国成功地扭转了贸易逆差的趋势，转而实现了贸易顺差。

3. 国民经济调整时期

在 1958 年时，面对当时的环境，我们提出了过高的对外贸易目标，实际上该目标并不现实。1959 年，我国进出口额猛增至 43.81 亿美元，同比增长了 41.7%，大幅提升了贸易规模。从 1959 年起，中国遭受了三年的自然灾害，接着在 1960 年中苏关系日益紧张的背景下，国民经济陷入短暂的低谷，同时外贸额也跟着降低，一直到 1962 年仅有 26.63 亿美元。为了解决国内经济困难并适应全球形势的变化，中国开始与西方资本主义国家开展贸易往来，并大量进口粮食、糖、动植物油、棉花、化纤、化肥等重要物资，以支持本国市场和农业生产。为了抵制西方资本主义国家进口商品的竞争，中国改进了出口商品的生产工艺，以满足资本主义市场对商品品质、规格、颜色和品种等方面的需求。随着国家经济状况的改善，1965 年的进出口总额恢复到了 42.45 亿美元[②]。

4. 拨乱反正时期

错误思想的广泛传播，对国家经济造成了严重破坏，致使中国的对外贸易陷入了停滞状态。1970 年以后，随着国内经济逐步恢复和国际形势变得有利，我国出口贸易开始增长。然而，因为国民经济各部门的比例不协调，国民经济无法平衡地发展，这就导致了社会需要大量进口工业生产的原材料来维持生产。中华人民共和国成立以来，进出口贸易总额在 1975 年达到了历史最高水平。

---

① 今日头条. 空前绝后！苏联援建我国的 156 个项目奠定了新中国的工业基础［EB/OL］.（2020-01-03）［2023-05-01］. https://www.toutiao.com/article/6777540402762220044/?wid＝1688630459628.

② 张同信. 大力发展对外贸易 增强国民经济实力［EB/OL］.（2011-06-16）［2023-05-01］. http://www.mjnjsw.gov.cn/njxxweb_publishing/www/minjianwz/90zn2_mb_a201106161140.html.

1976 年 10 月,当时冶金、煤炭、化工等重点行业受到了进口激增的影响,而国家财政并不充裕,这些部门提出了以项目引进为核心的发展规划,以应对这种情况。1978 年外部引入的项目价值合计达 78 亿美元,进出口贸易总额为 206.4 亿美元[①]。

5. 改革开放至加入 WTO 前

1978 年 12 月 18 日,党的第十一届三中全会后,我国实行"对外开放、对内搞活经济"的政策,决定将工作重心转移到社会主义现代化建设上,中国把经济体制改革作为重中之重,国民经济飞速增长,外贸规模也有了巨大的提升,从 1978 年到 2001 年,中国的对外贸易额增长了 24 倍,达到了 5 097.7 亿美元[②]。这个增速不仅超过了同期中国工农业生产总值年均增长速度,而且也大于了同期全球贸易的年均增长速度。随着时间的推移,工业制成品在出口商品结构中的比重逐步增加,以出口初级产品为主转向以出口工业制成品为主,实现了历史性的转变。

6. 加入 WTO 后

自中国在 2001 年 12 月加入 WTO(世界贸易组织)以后,人们很快就看到了加入世界贸易组织的影响。据海关统计,2002 年中国贸易总值达到了 6 208 亿美元,成功突破了 6 000 亿美元的大关,跃居全球贸易领域的第四大经济体[③]。对外贸易已经成为拉动中国经济快速发展的重要力量。2004 年,中国的进出口贸易总额达到了 11 548 亿美元,超过 1 万亿美元的大关,在世界贸易中的排名上升到第三位。继 2004 年中国对外贸易总量突破 1 万亿美元之后,仅三年后的 2007 年中国对外贸易总规模就突破了 2 万亿美元大关[④],中国成为真正意义上制造和贸易的重要国家,在全球制造业和国际贸易中占据

① 百度文库. 中国对外贸易与国际直接投资 [EB/OL]. (2021-07-04) [2023-05-01]. https://wenku.baidu.com/view/c42514eda56e58fafab069dc5022aaea988f4181.html?_wkts_=1688631320834.

② 豆丁网. 对外贸改革开放前后我国对外贸易状况及对中国的影响 [EB/OL]. (2021-04-026) [2023-05-01]. https://www.docin.com/p-191024983.html.

③ 中国新闻网. 2002 年中国进出口总值首次突破 6 000 亿美元大关 [EB/OL]. (2003-01-09) [2023-05-01]. https://www.chinanews.com/2003-01-09/26/261895.html.

④ 百度文库. 我国对外贸易规模不断扩大 开放水平逐步提高 [EB/OL]. (2011-06-03) [2023-05-01]. https://wenku.baidu.com/view/5968a95d312b3169a451a4c4.html?_wkts_=1688631899992.

着显著的地位。WTO 主导的全球多边贸易谈判一波三折，FTA（自由贸易协定）打开了中国外贸新天地。

为了克服 WTO 多边协议的限制，推动贸易自由化，各国逐渐探索出通过开展自由贸易协定的方式。自由贸易协定是由独立的关税主体通过自愿结合方式达成的协议，旨在促进贸易自由化和解决相关问题。该协议不会改变参与者的政治、社会和文化立场，而是能够为各方提供更多的贸易机会和经济发展的潜力。中国—东盟自由贸易区是中国与其他国家商谈的第一个自由贸易区，于 2004 年启动（2010 年 1 月 1 日建成），它为中国对外贸易的发展提供了新的空间。

全球金融危机源于 2007 年美国次贷危机，对实体经济带来了广泛的影响，中国经济也遭受了不小的冲击。中国当时的经济高度依赖外贸，约 60% 的经济活动与出口相关，约有 40% 的 GDP（国内生产总值）是通过出口带动的。这导致中国外贸受到了严重的影响，但是，对各企业、行业和地区造成的影响各不相同，因为情况因素存在差异。

2013 年，习近平主席提出了"一带一路"倡议，为中国对外贸易的发展带来了新的增长点。商务部发布的数据显示，2014—2019 年，我国与"一带一路"贸易伙伴贸易值累计超过 44 万亿元，年均增长达到 6.1%，贸易规模持续扩大。

7. "双循环"发展新格局

进入 21 世纪 20 年代后，全球正在经历一场规模十分罕见的重大变革，即世界百年未有之大变局。随着时间的推移，国际形势越来越错综复杂，出现了形形色色的趋势，如逆全球化潮流、民粹主义和贸易保护主义等，这些趋势给我们带来了更多的不安全因素和不确定因素。中国现在正处于转向高质量经济发展的阶段，并且展望未来，其经济前景非常乐观。2016—2019 年，中国年均经济增长率达到 6.7%，高于世界经济平均水平 3.9 个百分点。2019 年，中国经济对世界经济的贡献率超过了 32%[①]。尽管中国是全球第二大经济体，并且其制造业门类相当齐全，同时也正在建设一个非常庞大的国

---

① 中原网视台. "十三五"期间我国经济社会各领域取得了辉煌的成就　年均经济增长率 6.7%
[EB/OL]. （2020-10-27）［2023-05-01］. https://www.hnmdtv.com/finance/2020/1027/54615.html.

内市场，但是发展不平衡、不充分的问题仍然存在，因此在实现高质量发展方面，还存在一些薄弱环节需要进一步加强。考虑到当前的形势，中共中央政治局在 2020 年 7 月的会议上提议，应该"加快形成以国内大循环为主体、国内国际双循环相互促进的新发展格局"。这是党中央基于对国内外形势的科学把握，考虑到我国的发展阶段、环境和变化条件而做出的重大的战略规划，旨在推动国家经济长期稳定发展，并涉及系统性和深层次的变革，这对于整个局势都有着至关重要的影响。在未来一段时间里，中国经济的核心将是建立一种全新的"双循环"发展模式。这种模式的实施将对中国国内以及全球经济产生广泛而深远的影响。党的十九大明确了"推进贸易强国建设"的战略要求，旨在提升中国在国际贸易领域的地位。在建立"双循环"新发展模式的过程中，我国要着重发展国内循环，以拓展内需为中心策略，但这并不表示要孤立封闭、自我隔绝，相反，还要加强高水平开放，通过发掘内部需求潜力，促进国内外市场更紧密地联系，最大程度地利用国内和国际两种市场与资源，实现更强大的可持续发展。中国一直秉持改革开放的国策，并且经济全球化已经成为不可逆的事实。中国将一如既往站在历史正确的一边，以更加开放的姿态来谋划全球布局。我们将持续坚持对外开放的发展理念，加以推进，不断提升贸易实力，以进一步推动实现经济贸易强国的目标，同时在构建"双循环"新发展格局的进程中，力求实现由贸易大国向贸易强国的跨越。

自中华人民共和国成立以来，特别是在改革开放四十多年的历程中，中国面对着诸多艰辛和挑战，但始终坚定前行，持续推进对外贸易，创造了非凡的发展成果，在全球贸易发展史上创造了卓越的成绩。

毫无疑问，中国现在已经成为全球无可争议的第一贸易大国。但贸易大国与贸易强国不具有相同的含义。贸易大国的地位通常以贸易总额为主要标志，而贸易强国的地位则一般以贸易质量为主要评判标准。虽然目前还没有统一的标准来衡量贸易强国，但是对于一些代表性国家来说，它们被广泛认可为贸易强国。随着开放型经济政策的实施，中国正在逐步向一个贸易强国转型。然而，中国与其他主要贸易强国相比，还有很大的进步空

间。中国对外贸易发展的一个重要目标是实现从贸易大国向贸易强国转型，并更加有效地推动"双循环"战略的互动。为实现这一目标，我们需要付出不懈的努力。

从 2021 年开始，中国开始实施第十四个五年计划。在接下来的几年里，包括"十四五"计划时期，中国将进入关键时期，即必须实现现代化建设和建设富强民主文明的社会主义国家目标，同时该时期也是迎来实现中华民族伟大复兴的紧要关头。随着国际形势的不断变化，中国需要专注于加强国内经济建设，以确保经济稳健发展，以应对不确定的国际环境。我们需要毫不动摇地坚定改革开放的国策，推进贸易强国的建设，以此不断提升中国在全球竞争中的影响力和竞争力。在当前阶段，中国需要稳步提升贸易实力，其重点是以"实现国内大循环为主、国内国际双循环相互促进的新发展格局"为主线，全力推进贸易强国建设。

第二节 对外贸易的类型

一、按货物移动的方向分类

（一）出口贸易

出口贸易是指把本国生产或加工的产品及本国化产品运往他国市场销售。

（二）进口贸易

进口贸易是指把外国生产和加工的产品运往本国国内市场销售。

（三）过境贸易

过境贸易是指当 A 国须经过 C 国国境把货物运往 B 国时，这批经过 C 国运往 B 国的货物，对 C 国而言，便是过境贸易。

二、按交易商品的形式分类

（一）货物贸易

货物贸易也称为有形（商品）贸易（tangible goods trade），是指有具体形状的商品，如大米、服装、机器等的交换活动。

（二）服务贸易

服务贸易，即无形（商品）贸易，指的是无形劳务的提供和接受。

在世界贸易组织的分类中，服务行业被分成十一大类：商业、通信、建筑、销售、教育、环境、金融、健康与社会服务旅游及相关的服务、文化娱乐与体育服务、交通及其他。

货物贸易与服务贸易的主要差异在于前者涉及实体产品的进出口，需要经过海关的关卡检查和记录。因此，货物贸易的贸易金额主要反映在海关的统计数据上。相比之下，后者的进出口没有涉及海关，因此在海关的贸易统计表上不会反映出它的贸易额。无论是货物贸易额还是服务贸易额，都是一个国家国际收支不可或缺的重要组成部分。

三、按划分货物进出口的标准分类

（一）总贸易

总贸易以货物越过国境为标准来划分进出口。

（二）专门贸易

专门贸易则以货物经过结关为标准来划分进出口。

四、按交易的方式分类

（一）直接贸易

直接贸易是间接贸易的对称，指商品不通过第三国，直接从生产国输入

到消费国的贸易。

（二）间接贸易

间接贸易是指商品生产国通过第三国同商品消费国进行商品买卖的行为。

（三）转口贸易

转口贸易又称中转贸易，指国际贸易中进出口货品的生意，不是在生产国与消费国之间直接进行，而是通过第三国易手进行的买卖。这种贸易对中转国来说即转口贸易。

五、按贸易货物的运送方式分类

（一）陆路贸易

陆路贸易是指以火车和卡车为主要运输工具进行的贸易。陆地毗邻国家之间的贸易多采取陆路贸易。

（二）海路贸易

海路贸易指货物通过海上运输的国际贸易，运输工具是各类船舶。

（三）空运贸易

空运贸易指单位价值较高或数量较少的货物，为争取时效，往往以航空货运方式装运，这种形式被称为空运贸易。

（四）邮购贸易

邮购贸易是指以邮寄商品目录、发行广告宣传片作为向消费者进行商品推介展示的渠道，引起或激起消费者的购买热情，实现商品的销售活动，并通过邮寄的方式将商品送达给消费者的贸易。

第三节　对外贸易的发展战略

一、出口商品战略

（一）出口商品战略的定义

出口商品战略是指在考虑本国比较优势和竞争优势的基础上，根据国际市场的供求情况，制定一系列有计划、有目的的出口商品安排的战略。

制定可靠的科学出口商品策略并采取相应行动方案，对于增强出口商品在国际市场上的竞争力、提升创汇能力、提高出口商品的经济效益具有至关重要的作用。

（二）出口商品战略的制定依据

国际经济环境的变化是影响一个国家出口商品结构的因素之一，此外，出口商品结构也会被国内经济的发展水平、产业结构和发展政策所制约。为了应对不同历史时期的情况，我国采取了多种出口商品战略。

（三）出口商品战略的内容

1. "六五"计划时期的出口商品战略

我国在改革开放初期，由于产业结构和生产技术相对滞后，我们的出口商品战略旨在最大程度利用我国资源丰富的优势，扩大矿产以及农副土特产品的出口规模；利用中国传统手工和先进技术的优势，推动工艺品和传统轻纺品的出口扩大；利用我国人口红利，促进加工制造产业的发展；充分利用当时现有的工业基础优势，加强促进机电产品以及众多有色、稀有金属加工品出口的发展。

依据前述战略计划，我国在"六五"计划阶段首要着重于促进石油、煤

炭等矿产品和农副土特产品的出口，并注重推进轻纺品的出口；此外，逐步推进机电产品和加工稀有金属和有色金属的产品出口。

2."七五"计划时期的出口商品战略

从20世纪80年代开始，初级产品的国际市场价格大幅度下降，这导致初级产品贸易开始逐渐萎缩。同时，从1980年到1989年，初级产品在全球贸易总量中所占比例也呈现下降趋势。与此同时，制成品贸易则增长迅速，并且在市场中的占比不断提高。在"六五"计划时期，我们努力调整我国出口商品的结构，使初级产品的比例得到一定程度的下降，同时制成品的比重有所提高。即使如此，初级产品在出口商品中仍旧占有相当大的比例。在工业生产中，精细加工品的产量较为有限。针对此情形，我国"七五"计划提出了出口商品战略，着重于实现"两个转变"，即逐步实现出口商品结构从主要以初级产品为主转向以工业制成品为主，并从主要以粗加工制成品为主转向以精加工制成品为主。

在此期间，我国开始把重点放在推进轻纺产品的出口发展上，而减少出口石油、棉花、粮食及某些矿产品。纺织品已成为我国最大的出口商品之一。另外，机电产品和一些高科技产品的出口量也有所增长。在"七五"计划结束时，我们成功地实现了第一个结构性转型目标，即由主要出口初级产品转向主要出口工业制成品。在出口产品中，工业制成品的比重明显提高，相较初级产品更为占优势。

3."八五"计划时期的出口商品战略

在"八五"计划时期，国际市场上的商品贸易出现了不同的变化趋势。其中，纺织品及服装的贸易增长速度较快，也成为贸易额最大的商品类别之一（表1-3-1①）。随着改革开放的不断深入，我国的经济发展趋势已经转为利用外资和引进项目建设。许多项目已经建成并取得了显著的经济效益。

---

① 根据海关统计的数据整理而成。

表 1-3-1 "八五"计划时期纺织品及服装的出口增长情况

金额单位：亿美元

年份/时期	纺织品			服装		
	金额	增长/%	比重/%	金额	增长/%	比重/%
"八五"计划时期	507	—	9.8	917	—	17.7
1991	77	—	10.8	90	—	12.5
1992	86	11.7	10.1	166	84.4	19.6
1993	87	1.2	9.5	184	10.8	20.1
1994	118	35.6	9.8	237	28.8	19.6
1995	139	17.8	9.4	240	1.3	16.1

在"八五"计划时期，我国的出口商品战略目标是逐步改变出口商品的结构，将重心从粗加工制成品转向精加工制成品，并积极扩大机电产品、轻纺织品和高技术产品的出口。此外，我国还支持那些市场竞争力强、有发展前景的热门产品的出口，提高具有附加价值的出口商品的出口数量，增强我国在国际市场上的竞争力。在"八五"计划期间，我国的战略方针是以机电产品为主导，以轻纺织品为核心，将高技术产品作为未来发展方向，同时也保持一定程度的矿产品和农副产品的出口结构目标。

4. "九五"计划时期的出口商品战略

在"九五"计划时期，机电产品在国际贸易中增长迅速，特别是那些技术含量高、附加值高的高新技术产品增长更为迅猛（表 1-3-2[①]和表 1-3-3[②]）。我国经过多次优化，出口商品结构有所改善，但仍以劳动密集型、低附加值、技术含量不高的粗加工产品为主要出口品类。综合来看，我国的出口商品相比其他国家来说竞争力较为不足。因此，依据国家"九五"计划的导向思想，要把经济增长方式从粗放型转向集约型。因此，我国制定出新的出口商品战略，"以质取胜"为核心，致力于在外贸出口中实现新增长；不再一味追求数量和速度，更加注重品质和效益。

---

① 根据海关统计的数据整理而成。

② 根据海关统计的数据整理而成。

表 1-3-2 "九五"计划时期机电产品的出口增长情况

金额单位：亿美元

年份/时期	金额	增长/%	比重/%
"九五"计划时期	3 563	—	37.1
1996	482	—	13.5
1997	593	23.0	16.6
1998	665	12.1	18.7
1999	770	15.8	21.6
2000	1 053	36.8	29.6

表 1-3-3 "九五"计划时期高新技术产品的出口增长情况

金额单位：亿美元

年份/时期	金额	增长/%	比重/%
"九五"计划时期	1 112	—	—
1996	128	—	8.5
1997	165	28.9	9.0
1998	202	22.42	11.0
1999	247	22.27	12.7
2000	370	49.79	14.9

优化出口商品结构是实现"以质取胜"战略、推动外贸发展升级的核心措施，是实现外贸高质量、高效益增长的根本途径。《中华人民共和国国民经济和社会发展"九五"计划和 2010 年远景目标纲要》建议：加强对进出口商品结构的调整和优化，重点是改进轻纺产品的品质；进一步扩大机电产品的出口范围，特别是增加成套设备的出口数量；探索农业附加值高和资源综合利用的创收模式。在实施这项战略行动期间，我国在"九五"计划时期，成功地改善了出口商品的内部构成。机电产品领域的高科技产品出口呈迅速增长势头；轻纺产品领域的出口结构已经得到了明显改善，同时产品的附加值也出现了较大的提高；在农业方面，减少了粮食作物的出口量，增加了能赚取外汇的农产品的出口量。

5. "十五"计划时期的出口商品战略

现今社会正处于知识经济时代，而有更高的附加值和技术含量的产品在

国际贸易中表现出极其强劲的增长趋势。自改革开放以来，我国经济不断发展，产业结构以及出口商品的结构得到了显著升级和调整。尤其是高科技产业的飞速发展、出口产品的快速增长，为我国的整体经济发展注入了强劲动力。但要注意的是，尽管如此，中低技术、低附加值产品仍然在出口产品中占据主导地位。因此，我国强调优先考虑质量的战略优势，重视科技促进贸易，加强优化出口商品的结构。

（1）战略目标

加快实现对外经济贸易领域的两个根本性转变，即由规模扩张和数量增长为主向提高质量和效益为主转型，从而提高我国对外经济贸易的国际竞争力，保持对外经济贸易的可持续发展。

（2）战略措施

为实现所述目标，我国必须采取实施以产品质量取胜和发展科技驱动贸易的战略措施。我们将秉持以质取胜、科技兴贸为主的战略，发展机电产品出口，在2005年前，力争达到出口额1 800亿美元的目标，同时确保占出口比重达到50%左右；力争高科技产品的出口额突破600亿美元，对总出口额的贡献比例已经逐渐增加，约为20%。出口商品的技术含量和附加值已经得到显著提高，符合传统水准。

第一，大力发展机电产品出口，特别是成套设备的出口。这些产品的出口应该成为优化我国出口商品结构的重要目标。

第二，需要积极促进高新技术产品的出口，要将一部分产品快速打造成出口的主导产品，以维持对外贸易出口的增长活力。

第三，专注于提高轻纺产品的品质和等级，积极推进产品升级和更新，拓展产品种类和颜色选择，并打造自主品牌，提高产品附加值。

第四，促进创汇农产品出口，包括发展深加工和附加价值高的农产品，以及综合利用农业资源，以创造更多价值。

"十五"计划时期，是改革开放以来我国对外贸易发展最快的时期。经过艰苦谈判，我国终于成功地加入了世界贸易组织，对外经济贸易环境发生了深刻而重大的变化，我们在享受运用世界贸易规则带来好处的同时，也不

断迎接了来自各个方面的各种各样的挑战，并在克服困难、解决问题中不断发展壮大。2005 年，我国进出口贸易总额达 14 219 亿美元，比 2000 年增长了 199.8%，平均每年增长 24.6%，比"九五"计划时期平均增长速度快 13.6 个百分点，进出口贸易总额占我国 GDP 的比重已经接近 65%。2004 年，我国进出口贸易总额已占世界贸易量的 6.2%，在世界上的排名由 2000 年的第八位跃居到第三位，成为仅次于美国和德国的贸易大国。2005 年，我国出口额达 7 620 亿美元，比 2000 年增长 205.8%，平均每年增长 25%，比"九五"计划时期平均增长速度快 14.1 个百分点；进口额达 6 600 亿美元，比 2000 年增长 193.3%，平均每年增长 24%，比"九五"计划时期平均增长速度快 12.7 个百分点[①]。

6."十一五"规划时期的出口商品战略

在"十一五"规划期间，我国经历了推动全面建设小康社会的重要历程，也积极实施了科技兴贸战略，这一时期是促进我国逐步从贸易大国向贸易强国转型的关键时期。为了建设创新型国家，我们实施科技兴贸战略，以实现贸易增长方式的转变，旨在优化出口商品结构，大力支持高新技术产品出口，特别是具有自主品牌和自主知识产权的产品。另外，我们还致力于引进外部先进技术，采用消化吸收与创新相结合的方法，加强企业自主创新能力，加速推进从贸易大国向贸易强国的历史性跨越。

（1）战略目标

即拓展高新技术产品出口市场，构建完善的出口体系，提升企业自主创新能力和技术吸收再创新能力，增强高新技术产品的国际竞争力。

（2）战略措施

第一，最紧要的是努力推进高新技术产品出口的扩大。促进自主知识产权和品牌高科技产品的出口，培育软件和医药品出口市场，开拓新的出口增长领域。

第二，提高自主创新能力。加大对企业自主研发的支持力度，建立科技成果转移机制，加强引进技术的消化吸收与创新，提高传统出口产品技术含

---

① 资料来源：世界贸易组织数据库、中国统计年鉴。

量,加强知识产权的创造利用和管理。

第三,培育出口主体。扶持民营和中小企业出口,培育大型企业集团,鼓励外商投资企业发展,加强出口体系建设。

第四,发展服务贸易。促进服务贸易发展,推动物流现代化,加强技术引进的政策引导,探索技术引进新模式,推动成熟工业化技术出口。

第五,开拓国际市场。继续贯彻市场多元化战略,发挥展会的桥梁和平台作用,加强与"走出去"战略和对外援助的结合,推进国际技术交流与合作,引导企业开展国际化经营。

第六,优化贸易环境。完善相关配套服务,推进技术性贸易措施体系建设,强化高新技术标准化技术基础工作,强化高新技术产品的认证认可工作,强化便利化服务,建立有效的出口服务中介组织,加强信息服务,建立科技兴贸评价指标体系,加强组织领导。进一步完善联合工作机制,建立务实高效的科技兴贸干部队伍。

"十一五"规划期间,我国货物进出口总额累计16 789.3亿美元,比"十五"计划期间增长了1.6倍。其中,出口总额为63 997亿美元,比"十五"计划期间增长了1.7倍,出口年均增长了15.7%,高于预定目标,如图1-3-1[①]所示。

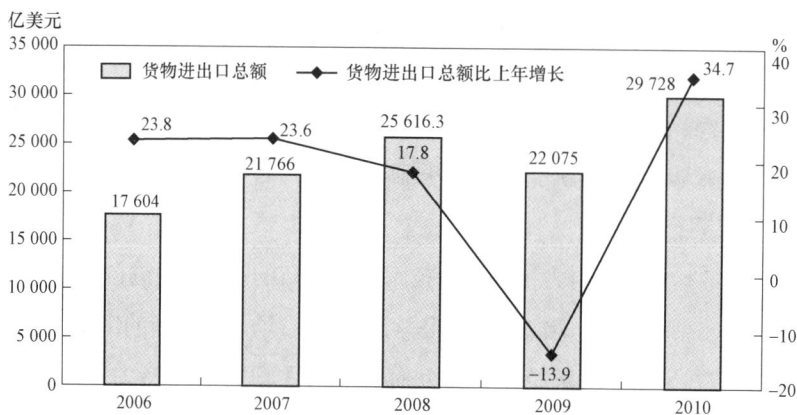

图1-3-1 "十一五"计划期间我国货物进出口总额及增长速度

---

① 根据海关的数据整理而成。

"十一五"计划时期的前两年，我国进出口总额保持年均 23%以上的快速增长，2007 年出口总额突破 1 万亿美元，达到 12 180.1 亿美元，同比增长 25.7%。2008 年国际金融危机爆发后，在世界经济大幅下滑、国际市场需求严重萎缩的严峻形势下，我国对外贸易经受住了金融危机的严峻考验。2008 年进出口总额为 25 616.3 亿美元，同比增长 17.8%，其中出口额为 14 285.5 亿美元，同比增长 17.2%。2009 年进出口总额虽然同比下降了 13.9%，为 22 075.35 亿美元，但我国仍然是全球对外贸易表现最好的国家之一。2009 年我国出口总额跃升至世界第一位，达到 12 016.12 亿美元。全球出口比重由"十五"计划时期的 7.3%提高到 9.6%。2010 年我国进出口再次刷新纪录，出口总额达到 29 728 亿美元，同比增长 34.7%。其中，出口 15 777.54 亿美元，同比增长 31.3%，出口比"十五"计划时期末增长 1.1 倍。

2010 年，工业制成品出口占出口总额的比重由"十五"计划时期末的 93.6%提高到 94.8%；机电产品、高新技术产品出口占出口总额的比重分别由"十五"计划时期末的 56.0%和 28.6%提高到 59.2%和 31.2%；"两高"产品出口得到有效控制，汽车、船舶、飞机、铁路装备、通信产品等大型机电产品和成套设备出口总额均有新的突破（图 1-3-2[①]）。

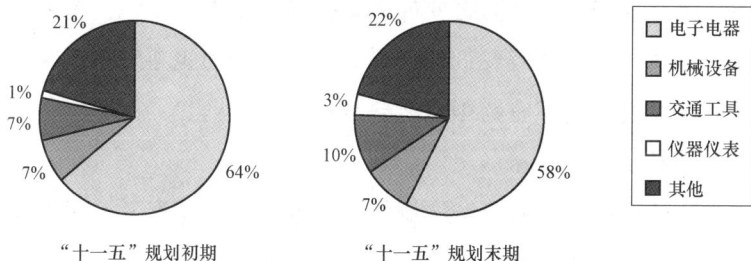

图 1-3-2 "十一五"计划期间我国机电产品出口结构变化对比图

7."十二五"计划时期的出口商品战略

在"十二五"计划时期，我国的外贸发展仍然处于具有重要战略意义的

---

① 根据海关统计的数据整理而成。

机遇期，但与此同时，我国也面临更为棘手和多元化的形势，需要维持稳健的发展以应对更多的挑战。

（1）战略目标

即迈向稳健增长并促进经济平衡发展，实现实质性进步。进出口表现强劲，以平均每年约10%的增速增长，预计到2015年总额将达到约4.8万亿美元。贸易平衡状况继续改善。

进一步改善进出口商品的结构，机电产品的出口和进口年平均增长率约为10%，预计到2015年总额将达到约2.5万亿美元。进一步增强劳动密集型产品出口的附加值，出口的大型成套设备中，自主品牌和知识产权产品的比例有明显提高。进口先进技术、关键零部件和节能环保产品的比例也不断增加。在适当的范围内提高进口消费品的比例，发展空间布局得到进一步的完善。传统市场包括欧、美、日等国家和中国香港地区，在进口和出口方面平稳增长，尽管其比重有所下降，但仍相对稳定。对新兴经济体、发展中国家等其他市场的进出口增长加快，争取到2015年，我国外贸比重提升至58%。发展水平在东部地区得到显著提升，中西部地区的发展速度加快。另一目标是到2015年，将中西部地区在全国外贸总量中的比重提高5个百分点，力争达到15%的水平。

在国际上，我们的竞争力将要被显著提高。技术、品牌、质量和服务已经成为竞争的新优势，并且我们的贸易渠道控制能力也将获得明显的提升。在优势产业中发展一批具有跨国资源整合能力的企业。

（2）战略措施

为了实现外贸稳定增长、结构调整和促进平衡，各部门之间需要紧密合作，采取综合策略，创新体制机制和完善政策措施。

第一，完善外贸管理体制和政策。

进一步完善外贸管理体制机制，以适应开放型经济的需求，同时促进市场在资源配置中的基础性作用。制定既不过于严格也不过于宽松的原产地规则，并进一步完善原产地认证管理体系。改进许可证管理，增强贸易统计监测功能。通过科技手段，推动企业加强质量管理和内部自律机制。强化保护

知识产权,为地理标志和农产品商标权利人在海外注册和捍卫权益提供支持,推动各国间在知识产权领域的交流与合作。通过加强政策引导,促进外资的高质量和高水平利用,从而推动我国出口产业升级。通过积极推动"走出去"战略,促进企业的出口和进口业务发展。加强进出口商品的检验检疫工作,遵循国际惯例,致力于保护商品的安全、卫生和环保。加强对大宗商品进出口的协调和管理,以维护进口和出口重要且敏感的商品领域的顺畅运作与合理竞争,同时遏制不正当竞争行为。加强对具备军用和民用双重用途的物品与技术的出口控制,从而维护国家安全并落实国际防扩散义务。要致力于推进商会的体制机制改革,加强行业内部的自律和协调,以更有效地发挥行业组织的作用。推动国内交易规则与国际标准趋同,探索建立内外贸协调发展的机制和体系,促进贸易发展的整体提升。要进行相应研究,设计适合的指标来对内外贸的质量和效益进行评估,并对外贸的考核和评价体系进行改革和完善。

第二,完善涉外财政税收政策。

建立并完善财政支持外贸发展的制度和机制,以符合世界贸易组织的规则要求。为改善出口商品结构和促进转型升级提供公共服务支持。对拓展海外市场、促进品牌发展、建设国外认证质量安全体系以及制定行业标准等方面给予扶持。在保持出口退税政策稳定的前提下,进一步优化退税机制,确保退税操作及时准确。设计研究方案,促进出口退税分担机制改革,同时优化进口关税结构。为了促进国内经济和社会的发展,我们可以适度降低一些能源原材料、关键零部件和先进技术设备的进口关税,在一定程度上降低与人们日常生活密切相关的生活用品的进口税。这样可以满足国内各行各业的需求,并帮助推动国内经济的发展。继续实行对最不发达国家某些商品的零关税进口政策,并加快降低关税的进程。同时,扩大免关税商品的种类范围。

第三,完善涉外金融政策。

建立一个完善的金融政策支撑机制,以适应贸易水平不断提高的趋势。鼓励金融机构灵活运用票据贴现、押汇贷款、对外担保等方式,积极开展进出口信贷业务,以扩展进出口企业融资渠道。简化贸易信贷登记管理、程序

和方式，以便于重点产业和企业更便捷地开展出口业务，从而更有效地引进先进技术。鼓励融资性担保机构扩大中小企业在进出口融资方面的担保业务，以协助这些企业克服财务难题。促进设备租赁进出口领域的业务规模的扩大，鼓励融资租赁公司的发展。为应对中小企业在授信信用评级较低情况下的融资难的问题，我们应拟定针对贸易融资的封闭式贷款管理规定。发挥出口信用保险政策的引导作用，积极推动大型成套设备等资本性货物的出口，同时支持中小企业积极拓展国际市场。促进重要原材料和关键技术设备的进口，并促进政策性进口信用保险业务的发展。进一步优化人民币汇率形成机制，以保持人民币汇率在一个合理平稳的水平。推广人民币在国际贸易和投资中的应用。积极促进贸易款项的收付管理制度的改革。鼓励国内符合条件的金融机构逐步完善其全球分支机构布局，帮助我国企业开拓新兴市场并实现国际化，还要为其提供更为方便、可靠的金融服务。

第四，完善对外贸易法律法规体系。

继续推行对外贸易领域的法治化管理和以法律为依据的行政管理。《中华人民共和国对外贸易法》明确要求各部门在对外贸易政策上的统一性，在法规的制定和实施中要保持一致、密切协调，以促进对外经济贸易的发展。完善与对外贸易有关的投资合作、知识产权、环境与气候、贸易调查、贸易救济和信用管理等领域的法律法规，以进一步加强相应的合作与管理。提高各项对外经济贸易法规之间的协调性和一致性，以推动对外贸易、外商投资的协同发展，促进海外投资活动。适时完成《中华人民共和国货物进出口管理条例》的修订工作。为了推动对外贸易良性发展，我们需要强化依法行政的能力，充分发挥政府的监管职能和中介机构的资源优势，在对外贸易、通关、检验检疫、外汇、金融、税务、科技、环保、知识产权保护和劳动保障等领域整合资源，积极探索建立对外贸易信用体系，整顿和规范经营秩序。

第五，加强贸易摩擦应对工作。

建立一个平等竞争的全球贸易体制。建立健全商务部、地方商务主管部门、商协会和企业之间的协作机制，加强应对贸易摩擦的能力。同时，我们应该采取切实可行的措施，利用世界贸易组织的争端解决机制，以提升我们

应对贸易摩擦的能力。建立更为健全的预警机制，完善全口径进出口检测体系，同时加强产业损害预警体系建设，建立全方位的产业安全数据管理系统。这样能够使产业损害预警机制充分发挥作用。为了增强受到进口行业冲击的国内产业的竞争力，我们需要制定有效的激励措施，促使这些产业进行结构调整。加强与主要贸易伙伴之间的贸易救济合作机制，以推动和保持贸易稳定。通过积极推动政府间双边谈判以及行业间的沟通，鼓励企业间合作，进而有效避免贸易摩擦不断升级和范围扩大化的情况。我们要采取行动，应对国外的技术贸易壁垒。加大监管进口、出口产品质量和安全的力度，使进出口企业能够承担起主体责任，并根据相应的法律法规要求履行相关义务。加大规则制定谈判中的参与度，以创造一个平等的规则环境。为了保障国内产业的健康发展和企业间的公正竞争，同时保护他们的合法权益，我们需要实施一些贸易救济措施，如反补贴和反倾销等保障措施。鼓励企业积极应对国外反垄断诉讼，依法处理对外贸易领域的垄断行为。

第六，加强多边或双边经济贸易合作。

我们应该恪守世界贸易组织成员承诺，积极参与国际贸易规则的制定。我们应该积极运用多边贸易体系和二十国集团等平台，防止各种形式的贸易保护主义的出现，推动国际经济秩序变得更加公正和合理。推进与相关国家达成自由贸易区的谈判进程。通过建立多样化的区域经济合作机制，积极推进与相关国家达成自由贸易协定的谈判进程。建立多样化的区域经济合作机制，积极推进与相关国家和地区的贸易合作。充分利用政府间磋商和业界对话等途径，加强与主要贸易伙伴的政策协调。我们应该积极推进与邻国的经济贸易合作，可以建立跨境经济合作区，促进与周边国家的经济贸易关系融洽发展。进一步促进内地与香港、澳门特别行政区之间的经济贸易合作，落实更紧密的经济贸易关系安排。确保港澳农副产品供应的稳定性。促进粤港澳地区的经济交流与合作，支持香港在国际金融、贸易和航运领域的中心地位，支持澳门经济在适当的范围内实现多元化发展，发挥中国与葡萄牙语国家经济贸易合作服务平台的作用，深化两岸经济合作，落实《海峡两岸经济合作框架协议》，积极商谈推进后续货物贸易、服务贸易等协议，充分发挥

海峡西岸经济区的领先地位，促进双向投资和两岸交流合作的不断发展。推动新兴产业、金融和现代服务业合作，推动两岸贸易朝着健康的方向发展。

第七，提高对外贸易便利化水平。

为了确保国际贸易供应链的安全，我们应指导和推动政府管理部门实现信息联网和共享。这样，进出口企业就能够更加方便、快捷地获得高质量的公共信息服务。加强出口有关政策宣传，包括出口退税、出口信贷、出口信保和加工贸易等方面。同时推动原产地认证相关的贸易便利化进程。我们应积极推进"大通关"、地方电子口岸、中国电子检验检疫系统的建设，以便利化措施为手段，例如实施进出口货物的电子监管、直通放行、设立绿色通道等便利化举措，努力优化贸易流程。加强海关企业分类管理规定的制定和执行。优化通关环境和效率。加强检验监管机构的建设，增加检验监管的手段和模式，强化法定检验监督制度对进出口商品的监督管理。尽快在具备提供服务条件的边境口岸实现"一站式"通关服务。加强对进出口收费的监管，以减轻企业在通关时的压力。简化商务人员出入境的申请流程。

第八，加强对外贸易人才培养工作。

加强国际贸易人才的培育。制定面向市场的人才管理计划和服务机制，打造良好的对外贸易人才发展环境。制定全面的制度和机制，包括政府管理调控、市场的配置以及企业的自主聘用，以适应人口素质和结构的变化。优化对外贸易人才资源开发，高度重视外贸职业教育的关键地位，推动多个领域的资金投资。加大对外贸易企业对人力资本的投入力度，协助员工踊跃参加培训和学习以提高技能水平，以满足企业技术升级和产业升级的迫切需求。重视对国际商务人才的培养，特别要重视培养双边或多边对外贸易谈判方面的人才。加强官、产、学、研的协作，利用社会智库，对有关对外贸易发展的问题积极回应，并发挥其作用，解决对外贸易发展所面临的重大问题，做出相应的决策。

我国 2012 年的对外贸易进出口同比增长了 6.2%，总额达到了 38 676.6 亿美元，其中出口总额为 20 498.3 亿美元，同比增长了 7.9%；进口总额为 18 178.3 亿美元，同比增长了 4.3%；贸易顺差为 2 320 亿美元，同比扩大

了 48.1%。欧盟和我国有着较为密切的贸易往来，是我国的第一大贸易伙伴和第一大进口来源地。美国取代了欧盟成为了我国第一大出口市场。中欧双边贸易总额为 5 460.4 亿美元，同比下降了 3.7%，占我国对外贸易总值的14.1%。其中，我国对欧盟出口总额为 3 339.9 亿美元，同比下降了 6.2%。我国对欧盟进口总额为 2 120.5 亿美元，同比增长了 0.4%。我国对欧盟贸易顺差为 1 219.4 亿美元，同比下降了 15.8%。美国为我国第二大贸易伙伴、第一大出口市场和第五大进口来源地，中美双边贸易总额为 4 846.8 亿美元，同比增长了 8.5%，占我国对外贸易总值的 12.5%。其中，我国对美国出口总额为 3 517.9 亿美元，同比增长了 8.4%；对美国进口总额为 1 328.9 亿美元，同比增长了 8.8%；我国对美国贸易顺差为 2 189.2 亿美元，同比增长了 8.2%。东盟为我国第三大贸易伙伴。我国与东盟双边贸易总额为 4 000.9 亿美元，同比增长了 10.2%，占我国对外贸易总值的 10.3%。其中，我国对东盟出口总额为 2 042.7 亿美元，同比增长了 20.1%，是我国对前十大贸易伙伴中出口增速最快的。我国自东盟进口总额为 1 958.2 亿美元，同比增长了 1.5%；我国对东盟贸易顺差为 84.5 亿美元，而 2011 年为逆差 228.4 亿美元。中国香港取代日本，成为内地的第四大贸易伙伴。内地和香港双边贸易总值为 3 414.9 亿美元，同比增长了 20.5%，占内地对外贸易总值的 8.8%。日本是我国第五大贸易伙伴，中日双边贸易总值为 3 294.5 亿美元，同比下降了 3.9%，占我国对外贸易总值的 8.5%。同期，我国与俄罗斯和巴西双边贸易总值分别为 881.6 亿美元和 857.2 亿美元，同比分别增长了 11.2% 和 1.8%[①]。

8. "十三五"规划时期的出口商品战略

"十三五"规划时期，我国实施优进优出战略，推动对外贸易向优质优价、优进优出转变，加快建设贸易强国。我国促进货物贸易和服务贸易融合发展，大力发展生产性服务贸易。巩固提升传统出口优势，促进加工贸易创新发展。优化对外贸易布局，推动出口市场多元化，提高新兴市场比重，巩

---

① 资料来源：中国对外贸易统计年鉴、中国海关总署。

固传统市场份额。鼓励发展新型贸易方式，发展出口信用保险，积极应对国外技术性贸易措施，强化贸易摩擦预警，化解贸易摩擦和争端。

（1）战略目标

即对外贸易结构进一步优化，发展动力加快转变，对外贸易发展的质量和效益进一步提升，贸易大国地位巩固，贸易强国建设取得重要进展。

第一，对外贸易结构进一步优化。努力推进"五个优化"：一是优化国际市场布局。在巩固传统市场的同时，提高"一带一路"合作伙伴等新兴市场在全国对外贸易中的比重。二是优化国内区域布局。在巩固东部沿海地区对外贸易的同时，进一步发挥中西部地区在全国对外贸易中的作用。三是优化商品结构。在稳定传统优势产品出口的同时，提高出口品牌、高技术含量产品在全国对外贸易中的比重。四是优化对外贸易经营主体。在坚持对外贸易大中小企业并重、多种所有制企业共同发展的同时，培育一批具有较强创新能力和国际竞争力的跨国公司。五是优化贸易方式。不断创新贸易方式，做强一般贸易，提升加工贸易，发展其他贸易方式。

第二，对外贸易发展动力正在加速转变。一是出口的重心从以货物为主转变为以货物服务、技术和资本输出相结合为主；二是促进竞争优势从以价格优势为主转变为以将技术、标准、品牌、质量和服务等方面作为竞争优势为主；三是推动增长动力从以依靠资源要素驱动为主转变为以创新驱动为主；四是促进营商环境从以政策引导为主转变为以制度规范和法治化、国际化为主；五是推动我国在全球经济治理中的地位从以遵守规则为主转变为以参与制定规则为主。

（2）战略措施

① 完善对外贸易政策体系

第一，加强对对外贸易的管理体制改革。加强简化行政手续、调整管理模式、提升服务质量，使对外贸易管理机制更加适合开放型经济发展的需要，在保持市场资源配置基础作用的同时，进一步对其加以完善。加强协调机制，提高不同政策领域之间的衔接和配合能力，以改善对外贸易环境为目标，优化对外贸易政策。完善敏感商品的进出口管理，以符合安全、环保和社会责

任标准等要求。在对外贸易行政审批事项实行简政放权后，应加强监管体系的建设，并增强对事项的事中和事后监管力度。加强对既可用于民用又可用于军事等领域的物品和技术出口的限制，以维护国家安全并承担国际责任。优化通关、质检、退税和外汇等管理模式，推动新型贸易方式的繁荣发展。

第二，加强财税政策的完善。完善现有的财政支持政策，集中精力支持重点领域，探索支持方式，引导社会资金流向合适的地方。提升公共服务水平，推动中西部地区承接初级加工贸易产业，推动对外贸易产品的发展和创新，包括标准制定、售后服务体系建设等。促进对外贸易稳定增长、调整结构、转型升级、创新发展。促进对进出口关税体系的优化，进一步完善出口退税的政策措施。

第三，进一步提升金融服务水平。我们要积极推动相关政策来全力支持小微企业的发展，如利率、差别准备金、再贷款、再贴现等相关政策，同时也要确保风险可控和商业可持续性。鼓励金融机构采用流动资金贷款和对外担保等方式，帮助符合条件的对外贸易企业获得贷款，尤其是那些拥有订单和稳定收益的企业。加强银行和贸易之间的合作，积极推动金融机构扩大出口信用保险保单融资，提高出口退税账户质押等贸易融资的支持力度。为了确保大型成套设备的出口融资得到充分保障，应充分发挥出口信用保险的作用。增强人民币在跨境贸易和投资中的使用，鼓励金融机构开发适合对外贸易需求的避险产品和风险管理工具，帮助企业有效规避汇率风险。鼓励金融机构在海外市场布局，以增强其为对外贸易企业提供服务的水准。

第四，提高公共服务能力。加强收集重点市场的相关法律、准入政策、技术法规。加强公共信息服务平台的建设，提高对外贸易企业在国际技术贸易障碍方面的水平和能力。利用驻外使领馆的资源，充分发挥其作用，为市场信息的提供、贸易摩擦的处理、市场准入的谈判等方面提供支持和帮助。改革商协会的管理机制，以支持其更有效地在推动业内信息共享、规范行业标准、组织企业参与贸易活动、推动行业自律、完善产业贸易政策等方面发挥更大的作用。加强对对外贸易易人才的培养和发展对外贸易职业教育，为打造优秀的对外贸易人才队伍营造良好的氛围和生态。

② 发挥双向投资对贸易的促进作用

第一，促进对外投资合作和贸易往来相结合。加强改革对外投资的管理体制，促进对外投资流程的顺畅化和便捷化。为了能促进国际产能合作，推动中国装备"走出去"，推动我国的产品、技术、标准和服务向国际市场输出，我们更是要创新对外投资合作方式，如支持绿地投资和联合投资等。督促有实力、有条件的企业在国际产能合作领域展开手脚，有条不紊地拓展海外技术和销售渠道等方面的收购和兼并。促进国际能源资源的开发和加工合作，积极推动相关企业在国外进行农业投资，并促进有关产品的跨国贸易。

第二，提高利用外资的质量和水平。一方面，放开一般制造业，加大招商引资力度，提高国家级经济技术开发区和各类园区的发展水平；另一方面，承接国际制造业转移和促进国内产业转型升级相结合，引导外资流向现代农业、新能源、新材料、生物医药、信息通信、节能环保等现代服务业领域。鼓励外资投资功能性机构和中西部地区，如投资地区性总部和研发中心等，支持其将功能性机构升级为全球研发中心和创新平台。引资流向中西部地区，能够提升该地区的产业转移能力，推动东部、中部和西部地区产业链的互动和合作。

③ 营造法治化、国际化、便利化的营商环境

第一，必须进一步加强对外贸易相关法规的制定和完善。我们需要不断推进依法治国，在对外贸易工作中加强法律规范，确保建立与我国国情和国际惯例相符的完备的对外贸易法律体系。在充分考虑《中华人民共和国对对外贸易易法》的基础上，强化各部门之间在涉对外贸易政策措施上的协调制定和实施。加强对进出口商品和服务的管控，包括出口管制、贸易调查、贸易救济以及贸易促进措施。同时，也要改善在对外贸易投资合作、知识产权和信用管理等方面的法律和规定，并协调好各方之间的关系。对对外贸易和产业政策进行更严密的合规性评估。提高市场竞争的公平性，加强对外贸易行业的诚信建设工作，制定部门间协调机制，优化和推广进出口企业信用评价体系，建立全新的监管机制，联合奖惩并推广执行，同时适当公开或推荐我国信誉良好的企业。要加大反垄断行为的执法力度，依据法律规定，加强

对企业合并收购的审查，以免某些企业利用这一手段实现垄断并对竞争造成不公平影响。这样可以保证市场竞争有序公正。在对外贸易领域加强知识产权保护，持续采取措施打击侵权和假冒行为。加强建设处理海外知识产权纠纷和提供法律援助的机制，同时完善国际和双边知识产权交流合作机制，以积极支持出口企业处理境外知识产权争端。加强重要行业进出口资质的管理与竞争自律协议机制，进一步研究建立规范化的对外贸易经营模式。促进双边对话与合作，以推动美国等发达经济体和地区放宽对华的出口限制。

第二，采取更加有效的措施，促进贸易便利化。积极执行《贸易便利化协定》，促进世界贸易组织的贸易便利化进程。推进大通关建设，推进口岸管理相关部门之间的信息互换、监管互认和执法互助，以此促进相关政策的全面实施。促进全国通关一体化改革进程，创建通关制度高效便捷、技术条件良好的环境，全面推广无纸化通关作业，针对性地加强海关查验、降低查验率。同时，加速推进电子口岸建设，普及国际贸易"单一窗口"建设，以及建立规范化的体系。这些措施将有力地改善通关便利化情况。建立一套全面有效的国际贸易供应链管理机制，推进"经认证的经营者"（AEO）在国际上得到互认。我们可以实现收费的规范化，包括规范企业的服务收费，制定收费目录清单，严格监管电子政务平台的收费，合理规范港口、保险、运输、银行等行业收费标准。我们还应该重点打破垄断，加强和创新收费监管体系。同时，建立监督机制，严肃打击违法行为，为公平竞争和消费者权益提供保障。

④ 深化合作共赢的国际经济贸易关系。

第一，加快自由贸易区战略的实施。扩大我国自由贸易区网络覆盖范围，构建面向全球的自由贸易区网络，以"一带一路"为核心，辐射四周。推动"一带一路"相关国家和地区的自由贸易区建设，加速自由贸易区的谈判进程，并促进亚太地区的自由贸易区建设。探索推动新型自由贸易区的商业建设，推进"一带一路"相关自由贸易区升级。督促现有的自由贸易协定的落实。积极推动货物、服务、投资等领域的互惠开放，促进知识产权保护、环境保护、电子商务、竞争政策、政府采购等议题的磋商，提高我国自由贸

区建设的标准和质量。

第二，提升国际经济贸易规则制定的话语权。积极参与全球经济治理，致力于支持世界贸易组织在促进全球贸易和投资自由化的领导地位。坚持多哈回合的发展授权，推动多边贸易谈判进程。全力促进中美和中欧投资协定的谈判，推动多边投资规则的制定。积极参与相关争议解决机制的改进和完善，并踊跃参与制定出口管制国际规则和管制清单，以及积极参加贸易政策审议工作。加强贸易增加值核算体系建设，确保全球价值链规则的制定和利益分享机制的完善与健全。

第三，积极采取措施解决贸易争端。加强商务部、地方政府、商协会和企业之间的合作协调，建立好"四体联动"的综合应对机制。通过多种途径，如交涉、磋商、谈判、业界合作等措施，有效解决贸易摩擦，保护我国正当的经济贸易利益，保护我国企业的正当的合法权益。我们还必须积极应对反补贴和反倾销调查，确保在调查过程中不受到不公平的对待，不侵害自身的利益。通过对话磋商，找到解决方案，缓解发展中国家和其他国家之间的贸易争端。为纠正那些滥用贸易保护和涉嫌违反规则的行为，我们需要充分利用世界贸易组织争端解决机制和有关成员司法诉讼程序等。做好产业损害预警工作，根据法规发起贸易救济调查，以保护国内产业的稳定和对外贸易的平稳发展。

⑤ 加强组织领导和工作保障机制

第一，要增强党对对外贸易工作的主导作用。强化商务系统各级党委（党组）的核心领导作用，完善研究对外贸易发展战略、分析对外贸易形势、制定重大措施的工作机制，以提高科学的决策和管理水平，从而更有效地应对重大对外贸易问题。加强领导班子在政治、经济、法律、外交和管理等领域的学习，以此优化其知识和专业结构，重视挑选和培养那些在政治上有坚定信仰、专业上精通、决策管理能力强、勇于担当、作风端正的党员领导干部。同时，加强对对外贸易人才的培养，重视人才队伍建设，提高党在对外贸易工作中的领导能力和法律素养。实施全面从严治党的责任落实，建立健全保证持续有效的改进作风的机制，增强对权力行使的约束和监督。提升

对外贸易基层党组织整体功能,充分发挥党员的先锋模范和战斗堡垒作用,进一步推进对外贸易事业的顺利发展。

第二,强化工作机制。建立全方位的对外贸易工作机制,包括领导组织、目标制定、形势分析、政策执行、监督检查和舆论宣传等环节。应根据科学原则确定进口和出口规模目标,并建立评估指标,以实现结构调整和提升产品的质量与效益。制定联系制度,将重点企业与重点产业联系起来,监测分析对外贸易运行状况,做好对外形势的研判。充分利用国家智库和其他社会研究机构的力量,深入研究对外贸易重要的理论和政策。做好基层和企业的调研工作,并聚焦问题的核心,积极尝试提出相应的解决方案。加强工作分工责任制,设定明确的时间节点,加强监督管理,并将此纳入绩效评估体系中。充分利用各种媒介,对对外贸易政策进行全方位且及时的解读,同时积极传播对外贸易发展的成功案例和经验,以提升企业信心并促进创新发展。

第三,健全规划实施机制。加强组织、协调和监管,确保本规划(出口商品战略"十三五"计划)的实施。积极进行实施情况的动态检查,并认真展开评估工作。加强在对外贸易领域中专项规划、地方规划与本规划的协同配合,确保一致性。在制订年度工作计划时,以本规划为参考,并严格依据规划来制定和调整重要的外贸政策措施。需要制定具体的执行方案,以实现规划中设定的目标和任务。如果在本规划的执行期间,国际和国内环境发生了重大变化,我们将进行深入调研,并按照相关程序调整本规划的预期目标,以适应新的情况。

9."十四五"计划时期的出口商品战略

自2021年起,我国进入"十四五"计划时期。"十四五"计划时期是我国由全面建成小康社会向基本实现社会主义现代化迈进的关键时期,也是我国开启全面建设社会主义现代化国家新征程的第一个五年。尽管世界正经历百年未有之大变局,但我国发展仍处于战略机遇期。在"十四五"计划时期,我国出口商品战略除延续"十三五"计划时期的基调外,还着重强调促进国

内国际双循环，立足国内大循环，发挥比较优势，"完善内外贸一体化调控体系"，推进内外贸质量"同线同标同质"，继续提升出口商品的技术含量和附加值，扩大品牌产品出口，推动出口贸易高质量发展。

二、进口商品战略

（一）进口商品战略的定义

进口商品战略是指在一个比较长的时期内国家进口商品的总体规划和设想。

（二）进口商品战略的制定依据

进口商品战略的制定依据主要是国内生产需求和消费需求，具体来说，是一段时间内国家的经济和社会发展目标与产业结构调整目标。

（三）进口商品战略的内容

从我国的各个五年计划上，我们可详见进口结构规划的端倪。

1."六五"计划时期的进口商品战略

它主要包括：积极从国外引进先进技术和关键设备；加大进口生产建设所需的重要物资；组织进口国内市场所需物资；不盲目进口国内可以生产的产品和设备，尤其是日用消费品，保护民族工业的发展。

2."七五"计划时期的进口商品战略

它主要是推动软件、先进技术以及关键设备的进口，也包括一些国内不足的生产资料。

3."八五"计划时期的进口商品战略

它主要包括：合理管理进口，优先选择先进技术和关键设备，以及国家重点生产建设所需物资和农用物资；避免盲目引进；鼓励生产可替代的进口商品，促进本土民族工业发展；对于国内能够生产和供应的产品和设备，我

国应减少对进口的依赖；加强对奢侈品、高端消费品以及烟草、水果和酒类等商品的进口。

4."九五"计划时期的进口商品战略

它主要以引进先进技术为主，提高一些关键设备和生产原材料的进口比例，布局发展技术贸易和服务贸易。

5."十五"计划时期的进口商品战略

它主要包括：引进先进技术和关键设备；扩大加工贸易物资进口；扩大重要资源进口；根据我国对国际社会的关于市场开放的承诺以及国内市场的需求，扩大消费品进口。

6."十一五"计划时期的进口商品战略

《中华人民共和国国民经济和社会发展第十一个五年规划纲要》中指出，要在"十一五"计划时期，积极扩大进口，具体包括实行进出口基本平衡的政策，发挥进口在促进我国经济发展中的作用。改善进口税收政策，扩大先进技术、关键设备及零部件和国内短缺的能源、原材料的进口，促进资源进口多元化。

7."十二五"计划时期的进口商品战略

《中华人民共和国国民经济和社会发展第十二个五年规划纲要》提出，要优化进口结构，积极扩大先进技术、关键零部件、国内短缺资源和节能环保产品进口，适度扩大消费品进口，发挥进口对宏观经济平衡和结构调整的重要作用，优化贸易收支结构；发挥我国巨大市场规模的吸引力和影响力，促进进口来源地多元化；完善重要农产品进出口调控机制，有效利用国际资源。

8."十三五"计划时期的进口商品战略

《中华人民共和国国民经济和社会发展第十三个五年规划纲要》指出，要在"十三五"计划期间，积极推进进口扩大和结构优化的工作，重点引进先进技术装备和高品质消费品。

第一，重点引进先进技术设备和关键零部件。我们应该持续改进进口补

贴政策，及时更新《促进进口技术和产品目录》，加大进口信贷支持力度，鼓励企业引入创新技术，并对其进行吸收消化，加以创新，以便保障国内产业的升级和优化，这有助于提高国际竞争力。在确保风险可控和商业平稳发展的前提下，支持融资租赁和金融租赁企业开展进口设备融资租赁的业务。

第二，稳定资源性产品进口。深化大宗商品进口体制改革，鼓励能源资源商品贸易持续稳定增长，保障国内市场供应。落实"一带一路"倡议，支持有实力的企业走出去，开展境外资源能源开发和加工生产，鼓励有需求的半成品或成品回运国内。加快建设能源国际化平台，推动能源资源国际贸易人民币结算，增强我国在能源资源国际市场上战略买家的力量，提升我国在国际大宗商品市场上的影响力。

第三，合理增加一般消费品进口。继续采取有效措施，引导境外消费回流。加快与相关国家就水产品、水果等产品签订检验检疫协议，积极推动合格的加工企业和产品备案注册认证。切实推进汽车平行进口试点，促进汽车进口多元化发展。

9. "十四五"计划时期的进口商品战略

2021 年，我国进入"十四五"计划时期。在国内、国际双循环指导思想下，为推进贸易强国建设，"十四五"计划时期我国进口商品战略的基本安排是：以国内大循环吸引全球资源要素，充分利用国内和国际两个市场两种资源，促进内外贸法律法规、质量标准、检验检疫、认证认可等相衔接，增加优质产品进口。

三、科技兴贸战略

党的十五大报告明确提出，科教兴国是我国的一项基本国策，强调加速科技进步对于社会经济发展的更为重要的作用。为适应经济全球化和知识经济时代的发展，加速我国由贸易大国向贸易强国转变的进程，对外贸易经济合作部（今商务部）于 1999 年提出"科技兴贸"战略。科技兴贸战略是我国在对外贸易领域落实科教兴国战略的重要举措，对于我国对外贸易的

跨世纪发展具有重要的意义。

（一）科技兴贸战略的定义

科技兴贸战略是以促进我国出口产品乃至产业在国际竞争的优势的提升为主旨，以推进体制和技术创新，以便促进高新技术产业接轨国际为指导思想，以"有限目标、突出重点、面向市场、发挥优势"为发展思路，驱动政府机构实现职能转变，借助科研开发、技术改造、市场拓展以及社会化服务等多种手段，促使企业提高自身的出口竞争力和自主创新能力，进而推进我国的出口商品层次性和结构优化，实现从贸易大国向贸易强国的跨越性贸易的发展战略。科技兴贸战略的核心是以市场为导向，以企业和创新作为主体与驱动力。政府的主要职责是提供服务保障，包括建立较为完善的政策、法律、知识产权保护、出口促进服务体系，从而助力企业获得更好的发展机遇。为高新技术产品和传统出口产品在优势领域具备技术开发、应用研究提供支持，为其在海外市场竞争中创造优势，助力其取得全球市场的战略性突破。

科技兴贸战略主要包括两个方面的内容：第一，积极促进高科技产品的出口；第二，通过运用高科技成果改造传统出口产业，以提高其技术含量和产品附加值。

（二）实施科技兴贸战略的背景

1. 高新技术产品出口成为促进经济发展的重要因素

随着全球经济结构的调整，高新技术产业以及高新技术产品出口在促进各国经济发展方面的作用日益显现。据美国商务部和国家制造业协会的研究，美国高新技术产品出口已占世界高新技术产品出口的 2/3，高新技术产品出口对 20 世纪 90 年代经济的持续高增长发挥了极为重要的作用，彼时，美国国内生产总值的 1/3 来自高新技术产品的出口。推动高新技术产品出口有助于增加就业机会，与制造业相比，相关岗位的平均工资普遍高出 15% 左右。此外，高新技术产品的出口利润较高，还能够在经济紧缩和周期性

经济恶化时保持稳定，在经济衰退时受到的影响也较小。因此，越来越多的发展中国家和地区，也将发展高新技术产业和增加高新技术产业出口作为国家战略。

2. 技术性贸易壁垒对国际贸易的影响越来越大

经过《关税及贸易总协定》的八轮谈判，各成员方关税壁垒已大幅降低，传统非关税壁垒，如数量限制等，也被大幅削减，但新的贸易壁垒，尤其是技术性贸易壁垒对国际贸易的影响越来越大。由于技术性贸易壁垒涉及的产品种类繁多，而且名义合理、形式合法、手段隐蔽，其对国际贸易，尤其是对发展中国家的贸易产生的影响与日俱增。加强对技术性贸易壁垒的研究，提高产品技术标准，是发展中国家冲破技术性贸易壁垒，扩大出口市场份额的当务之急。

（三）实施科技兴贸战略的重要意义

第一，确立高新技术产品出口在我国对外贸易发展中的重要地位。

实施科技兴贸战略，适应世界经济与国际贸易结构的发展趋势，将有力地推动我国对外贸易的发展。

第二，提升我国在国际分工中的地位。

实施科技兴贸战略，依靠技术创新建立我国出口产业和产品新的动态比较优势，从而让我国在未来的国际分工和国际贸易中争取较为有利的位置，增强抵御各种外部风险与冲击的能力。

第三，提升我国产业结构和经济结构。

实施科技兴贸战略，可在扩展国际市场、提升国际竞争力的过程中，有力推动我国国民经济进行产业结构调整和产业升级。

（四）实施科技兴贸战略的成效

二十余年来，在政府部门和企业的共同努力下，科技兴贸战略的实施取得了显著成效，主要体现在以下五个方面。

1. 促进了高新技术产品进出口

在一系列促进高新技术产品进出口的政策措施支持下，我国高新技术产品贸易发展迅猛。1999—2018 年，我国高新技术产品进出口额由 623 亿美元增至 14 184.8 亿美元，年均增长约 18%，超出同期货物贸易额年均增长率约 4 个百分点，其中出口从 247 亿美元增至 7 468.2 亿美元，增长了 29 倍，年均增长约 20%。1999 年，高新技术产品出口占出口总额的比重为 12.7%，2009 年则跃升至 31.4%，提前超额完成《科技兴贸"十一五"规划纲要》提到的 2010 年达到 30%的目标，并推动我国出口贸易规模由全球第九位上升至第一位。2022 年 1—11 月，中国高新技术产品出口金额为 8 732 亿万美元[①]。

2. 提高了出口产品竞争力

在高新技术产品出口持续增长的同时，出口产品也在不断优化，主要表现为：第一，高新技术产品在工业制成品出口中的比重不断提高，对优化出口商品结构做出突出贡献；第二，技术含量与附加值较高的高新技术产品出口占比逐步提高；第三，数字化产业形成新的出口增长点。在当前全球进行的以数字技术为核心的新一轮产业革命和技术变革背景下，我国率先布局5G、云计算、人工智能和大数据等新一代技术创新，国内也涌现出一批数字型领军企业，其在国际市场上的竞争力不断提升。例如，华为技术有限公司在 5G 专利数量上排名全球第一，5G 订单量位居全球第一。深圳市大创新科技有限公司在全球无人机市场中的份额超过七成，客户遍布 100 多个国家。

3. 推动了产业结构优化升级

科技兴贸战略的主要内容之一是利用高新技术改造传统产业。改革开放以来，科技创新的政策目标与路径相当清晰，从最初引进国外先进技术、实施消化吸收，再到强调自主创新能力建设和创新驱动发展，从最初以引进硬件设备为主向以引进软件技术为主转变。我国通过"以市场换技术"政策吸

---

① 华经情报网. 2022 年 11 月中国高新技术产品出口金额统计分析［EB/OL］.（2020-07-04）［2023-05-01］. https://www.huaon.com/channel/tradedata/861858.html.

引跨国公司来华进行直接投资，鼓励跨国公司在华设立独立的研发机构，生产高新技术产品，通过其技术外溢和为其提供产业配套，促进国内企业的技术进步和产业结构的优化与升级。

实施科技兴贸战略以来，我国技术引进工作快速发展。据商务部统计，1999—2018 年，我国技术引进合同累计达到 174 524 项，合同总金额约 5 000 亿美元[①]，技术引进效果明显，促进了产业结构的优化升级。近年来，在自主创新驱动下，我国力推数字技术产业化转型，以数字技术为代表的在线教育、互联网医疗、产业平台化发展、无人经济、虚拟产业园等 15 种新业态、新模式快速成长发展。2019 年，中国数字经济增加值规模达到了 35.8 万亿元，占 GDP 的比重达到了 36.2%。其中，传统产业数字化增加值为 28.8 万亿元，占 GDP 的比重为 29%[②]。2022 年，中国数字经济规模达到 50.2 万亿元人民币，占比升至 41.5%[③]。

4. 增强了出口企业自主创新能力

如今，中国已超越美国成为世界头号制造业大国。2004 年，我国出口工业制成品中的资本密集型产品占比首次超过了劳动密集型产品占比。出口商品结构明显得到改善，"三自三高"（自主知识产权、自主品牌、自主营销和高科技含量、高附加值、高效益）商品的出口份额显著提升，这与我国出口企业的自主创新能力提高有着直接的关系。我国的汽车行业已经实现由"引进来"向"走出去"转变，如比亚迪、吉利、宇通等一批具备国际竞争力的汽车自主品牌，已经成规模地向欧美发达国家出口新能源汽车，并逐步向技术与资本共同输出的海外产业布局转变。

5. 全面布局高新技术产业集群

高质量的产业集群可以通过外部规模经济效应提高一国出口产品的国际竞争力。实施科技兴贸战略以来，长三角、京津冀和粤港澳大湾区已各自

---

① 该数据来源于商务部网站。

② 光明网. 2019 年中国数字经济增加值达 35.8 万亿元　占 GDP 比重 36.2% [EB/OL]. (2020-07-04) [2023-05-01]. https://m.gmw.cn/baijia/2020-07/04/1301336659.html.

③ 澎湃. 2022 年我国数字经济规模达 50.2 万亿元　稳居世界第二 [EB/OL]. (2023-04-28) [2023-05-01]. https://www.fromgeek.com/telecom/590305.html.

形成高新技术产业集群，成为我国高新技术产品的主要出口基地。其中，长三角作为中国最发达地区之一，是现代通信、软件、微电子等领域的外商投资集中地带，在计算机技术、电子技术和计算机集成制造技术等领域的产品出口具有明显优势；粤港澳大湾区正努力打造具有全球影响力的国际科技创新中心，推动新一代信息技术、生物技术、高端装备制造、新材料等发展壮大为新支柱产业，推动制造业智能化发展，扩大高新技术产品出口规模。

此外，为发展数字贸易，2020 年 4 月，商务部会同中共中央网络安全和信息化委员会办公室（以下简称"中央网信办"）、工业和信息化部联合启动国家数字服务出口基地创建工作。经认定，中关村软件园、大连高新技术产业园区、上海浦东软件园、中国（南京）软件谷、厦门软件园和成都天府软件园等 12 个园区，成为首批国家数字服务出口基地。

四、以质取胜战略

质量问题是经济发展中的一个战略问题。质量水平的高低是一个国家经济、科技、教育和管理水平的综合反映，世界经济的发展趋势表明，质量是影响国民经济和对外贸易发展的重要因素之一。在国际贸易的激烈竞争中，产品质量已处于竞争的焦点，价格竞争已退居次要地位，产品能否在国际市场上竞争取胜，质量是决定性的因素。

为了全面提高产品质量，1991 年，国务院提出当年为"质量、品种、效益年"，以增强全民的质量意识。1996 年发布的《中华人民共和国国民经济和社会发展"九五"计划和 2010 年远景目标纲要》，明确提出要致力于提高我国产品质量、工程质量和服务质量的总体水平，并制定了《质量振兴纲要（1996—2010 年）》，以指导质量工作。我国出口贸易发展虽然十分迅速，但主要是依靠扩大出口数量，以低质低价、削价竞销为代价取得的。"以量取胜"不但造成资源和社会劳动的浪费，而且难以适应现代国际市场"以质取胜"的竞争机制，特别是随着国际技术性贸易壁垒的盛行，国外对我国出口产品设置技术性障碍愈演愈烈，我国如不改变低质低价、以量取胜的竞争模式，必将难以保持出口持续、稳定的发展。

从我国对外贸易出口的长远发展出发，从 1991 年起，以质取胜战略成为我国对外经济贸易领域贯彻实施《质量振兴纲要（1996—2010 年）》、优化出口商品结构、转换增长模式的核心战略之一。

《质量振兴纲要（2011—2020 年）》更是提出我国要深化质量国际交流合作，围绕国家重大产业、区域经济发展规划及检验检测技术、标准一致性，建立双边、多边质量合作磋商机制，参与与质量相关的国际和区域性标准、规则的制定，促进我国标准、计量、认证认可体系与国际接轨，积极应对国外技术性贸易措施，完善我国技术性贸易措施体系。

（一）以质取胜战略的定义

实施以质取胜战略，必须正确认识并处理好质量和数量、效益和速度、内在质量与外观质量、样品质量和批量质量，以及质量和档次等方面的关系，把出口商品本身的质量同国际市场的需要有机结合起来。以质取胜战略包括以下三个方面的内容。

第一，提高出口商品的质量和信誉。

通过加深出口商品生产者和外贸企业经营者对商品质量与信誉的认识，加强对生产过程、产品品质以及包装储运的质量管理，加大对我国出口商品质量的监督检查和执法力度，提高我国出口商品的质量和信誉。

第二，优化出口商品结构。

《质量振兴纲要（2011—2020 年）》提出 21 世纪的第二个十年，是我国全面建设小康社会、加快推进社会主义现代化的关键时期，是深化改革开放、加快转变经济发展方式的攻坚时期。在这一重要历史时期，经济全球化深入发展，科技进步日新月异，全球产业分工和市场需求结构出现明显变化，以质量为核心要素的标准、人才、技术、市场、资源等竞争日趋激烈。同时，我国工业化、信息化、城镇化、市场化、国际化进程加快，实现又好又快发展需要坚实的质量基础，人民群众日益增长的质量需求也对质量工作提出了更高要求。面对新形势、新挑战，坚持以质取胜、建设质量强国，是保障和改善民生的迫切需要，是调整经济结构和转变发展方式的内在要求，

是实现科学发展的战略选择，是增强综合国力和实现中华民族伟大复兴的必由之路。

第三，创名牌出口商品。

名牌出口商品的多少，反映一个国家的综合实力、经济竞争能力和科技发展水平。创立名牌，也是提高产品附加值的有效途径。实施以质取胜战略，要加快培育和创立在国际市场上有影响力和竞争力的系列化名牌出口商品。

（二）实施以质取胜战略的重要意义

（1）实施以质取胜战略，是适应国际竞争机制的需要。

（2）实施以质取胜战略，是节约资源和社会劳动、提高对外贸易经济效益的需要。

（3）实施以质取胜战略，是减少贸易摩擦，保持出口持续、稳定发展的需要。

（三）实施以质取胜战略的措施

1. 强化质量控制的立法与执法

加强质量方面的法律法规建设，强化执法力度，为实施以质取胜战略提供必要的法律环境。尤其是加快《中华人民共和国对外贸易法》《中华人民共和国产品质量法》《中华人民共和国进出口商品检验法》等配套法律法规的建设，对保证出口商品质量、维护对外贸易各方面的合法权益、维护国家信誉能够发挥重要作用。执法部门要把工作重点放在促进出口生产企业提高产品质量、维护国家信誉上。一方面，应发挥在技术、信息上的优势，为企业提供咨询服务，积极帮助企业生产符合国际市场质量要求的商品；另一方面，要严格把好出口质量关，对待假冒伪劣商品，绝不姑息迁就。

2. 提高产品科技含量

当代科学技术迅猛发展，科技竞争已成为国际贸易竞争的重要方面，产品科技含量与产品竞争力的关系日益密切。由于高新技术向产品转化的速度

明显加快,新产品不断涌现,产品更新换代的周期越来越短。要在竞争空前激烈的国际市场上保持优势,根本的出路在于加速科技进步,发挥科学技术在产品质量提高中的关键性作用。因此,我国要在研究开发、引进技术等方面切实提高对外贸易发展的科学技术含量。

第一,要加强高科技产品的研制和开发,并加速科技产品在生产中的运用,使科技成果尽快实现商品化、产业化,提高我国出口商品的质量、档次和加工深度,形成国际竞争的综合优势。

第二,要密切跟踪国际先进技术,通过引进先进技术和设备,推进技贸结合。

3. 推行与国际标准接轨的质量管理体系

我国出口产品与国外同类产品相比,在安全、健康、环境保护等方面的薄弱环节较多,常因为不符合国际标准而被进口国拒之门外。因此,积极推行国际标准化,是提高我国产品技术标准化水平、使我国产品立足国际市场的必由之路。

4. 实施名牌战略

实施名牌战略,能够构建和保护我国优秀产品以及知名企业的全球形象和地位,进而提高我国出口产品的国际竞争能力,并带来更多的出口利润。建立品牌既是实施以产品质量胜出的策略的重要组成部分,也是提升我国出口竞争力的关键途径。建立品牌有助于企业构建质量效益机制,推动出口从粗放型向集约型转型,从而促进出口增长。建立名牌不仅可以提升社会资源的有效配置、促进企业优胜劣汰、推动企业重组,还可以促进企业规模化经营。从全世界范围来看,经济强国都非常关注产品质量和工艺的提升,同时都着力打造知名品牌,以在全球竞争中取得优势。

品牌在国际贸易中起着至关重要的作用:一是市场竞争已经转变为品牌竞争,而知名品牌已成为国际贸易竞争力的关键。约有90%的品牌产品来自于发达国家和地区。尽管名牌数量仅占整个产品品牌数量的不到 3%,但它们的市场份额达到了 40%,销售额更是占到了 50%以上。二是名牌产品不仅代表企业形象,也是一个企业开拓国际市场的强有力工具。优秀的名牌产品

是企业信誉和素质的象征，因为只有拥有高水准的企业素质，企业才能产生高品质的名牌产品。企业创造名牌产品，企业又因其名牌产品而闻名，这些产品能够提高企业的知名度，加快企业进军世界市场的进程。因此，名牌战略的实施不仅是我国以质取胜战略的重要组成部分，也是促进企业建立质量效益机制、提高出口竞争力的重要手段。

要成功推行名牌战略，首先必须创造名牌，而创造名牌的关键则在于确保产品质量卓越。一款产品能够得到广大消费者的认可和信任，关键在于其内在质量的优越和其融合的科学技术。因此，企业打造名牌时，首先，需要依托先进技术，并以高标准开发新产品；其次，应当坚持采用创新技术、新工艺和新材料，为制造高品质的名牌产品提供可靠的技术支撑和设备基础，从而确保产品具备高品质、高技术含量和高附加值。另外，企业需要提高在国内外市场的营销推广。品牌的价值不仅体现在实物资产上，其长期广告宣传所形成的名气这种无形资产，也是品牌价值的一部分。因而，若要建立品牌知名度，企业在长远考虑中必须注重产品开发和广告宣传。

执行名牌战略也包括保护名牌。名牌的保护需要企业和政府通力合作。为了保护商标不被侵犯，企业需要注册商标并获得法律的认可和保护，这是保护企业品牌的重要措施之一。企业需要注重保护品牌在发展过程中的声誉，要采取措施，确保产品内外质量不断提升，不断创新和更新，以谋求更大市场份额。为了鼓励名牌的形成，政府应采用多种手段，包括立法、经济和行政措施等，创造有利于企业发展的外部环境。为了使我国出口产品更能与国际市场竞争，在创建全球知名品牌出口商品方面，我们需要建立更为完备的工作机制，鼓励出口企业注重产品质量和技术创新，同时也要加强商标、专利等知识产权保护措施。此外，我们还需要严密审查名牌产品的真实性，维护知识产权和商标权利，并加大打击假冒伪劣产品的力度。我国政府根据国家产业政策、出口商品的代表性和名牌效应，在推进以质量取胜、创造知名品牌战略方面，要注重培育和发展那些具有名牌潜力的出口商品。这些出口商品具有标志性和突出的质量特点，有望在国际市场上树立优良品牌形象并让消费者越来越认可。针对这些名牌出口商品，政府要给予优惠政策，如

贷款、担保、配额分配等方面的支持，以加速名牌出口商品的培育和发展。

5. 加强全面质量管理

随着科技高速发展的时代推进，"全面质量观"已经取代了过去的质量观。除了产品内在的价值，它还包含生产质量、销售质量、服务质量等多方面的外在价值。要想实现以质取胜战略的贯彻落实，必须做到全面的质量管理。首先需要改善生产过程的质量管理，将重心从"事后纠错"转向"事前预防"。这意味着在产品设计和生产过程中，要高度重视质量控制，及早消除可能导致不合格产品的潜在风险。

要全方位推行质量管理，同时强化流通领域的质量控制。质量管理在产品的整个流通过程中都有应用，包括商品收购、存储、运输、销售等多个环节。这意味着对外贸易企业必须加强对出口商品的采购和检验，以确保不将次品出口；必须确保出口商品在储存期间保持优质品质，避免出现变质、发霉或破损等现象；加强出口商品物流管理，包括优化物流流程，确保出口商品的安全、快速、准确、低成本、便利运输，根据实际情况合理选择各种运输工具和运输路线，以确保出口商品顺利运出；确保出口商品销售过程的质量管理，严格遵守合同规定，保证及时、完整地交付所售商品，品质符合要求，并及时处理索赔和业务纠纷问题；重视售后服务，确保产品的全程质量。

五、贸易高质量发展战略

（一）贸易高质量发展战略的定义

贸易高质量发展是经济高质量发展的应有之义，是建设现代化经济体系的重要内容，2019 年 11 月发布的《中共中央　国务院关于推进贸易高质量发展的指导意见》为推进贸易高质量发展工作提供了指引和遵循。该指导意见提出要推进贸易高质量发展，强化科技创新、制度创新、模式和业态创新，以共建"一带一路"为重点，大力优化贸易结构，推动进口与出口、货物贸易与服务贸易、贸易与双向投资、贸易与产业协调发展，促进国内、国际要素有序自由流动、资源高效配置、市场深度融合。

（二）实施贸易高质量发展战略的路径

中国在过去四十多年的改革开放中加强了与全球市场的合作，贸易规模快速扩大。现在，中国和全球市场的合作已经达到了前所未有的广度和深度，这种紧密的经济贸易合作已经成为中国和全球经济发展不可或缺的重要组成部分。尽管目前中国的贸易发展水平取得了一定成就，其与高质量标准相比仍有所欠缺。因此，我们需要进一步扩大贸易开放的范围，拓宽贸易开放的领域，以及加深贸易合作的层次。

第一，在优化进出口结构方面，应更加注重出口与进口的协调发展。

进出口贸易是贸易的双重推动力，必须推动出口市场的多元化，削减进口环节的系统性费用，以便扩大贸易规模。最近几年来，全球形势变得复杂多样，为了适应这一局面，中国采取了多项积极措施，如推动出口市场多样化、优化出口产品的国际布局，以及显著降低进口关税等制度性成本以便扩大进口规模。中国国际进口博览会已经发展成为一个开放的平台，为全球提供了新的机遇，即国外企业可以通过该平台进行全球采购和销售，从而增加对中国的出口或进口规模。中国的进口扩大不仅为各种商品提供了推广的机会，也为很多商品进入中国市场创造了机会，进而拉动了全球经济的增长。

第二，在优化货物贸易与服务贸易结构方面，应坚持以高水平开放促进深层次结构调整的战略。

自改革开放以来，中国制造业对外开放步伐不断加速，货物贸易快速增长，在全球范围内首屈一指。相较于其他行业，服务业的开放程度较为不足，因此该领域的整体竞争力相对较弱，是经济发展和结构升级中较为薄弱的环节。在促进贸易高质量发展的过程中，我们把重点从过去仅侧重于制造业的开放，向制造业和服务业并重的方向转变，实现两者平衡发展；在深化制造业开放的同时，大力放宽市场准入，扩大服务业对外开放。我们需要有条不紊地扩大金融、教育、文化、医疗等服务业领域的开放，放开外资在育儿养老、建筑设计、会计审计、商贸物流、电子商务等领域的进入限制。

第三，需要更加注重推进高质量贸易发展，以促进双向投资，实现资本流入和流出的协调，从而扩大国际经济贸易的发展空间。

为实现贸易的高质量发展，我们需要同时推进引入资本、技术和人才，提升外资的技术溢出和贸易升级效应。除此之外，我们还需要加强各种形式的创新合作，以推动经济向更先进的中高端水平推进。我们应该同时重视引进和输出的部署，不仅要提高引进的外资和技术的质量与水平，还要积极支持企业谨慎稳健地扩大海外市场，以实现提高国民经济质量、提升效率、实现升级的目标。一方面，要通过保障能源资源的供应，推动商品和服务的输出，获取创新资源以及扩展营销网络；另一方面，还要推动东道国经济和社会的发展进程，形成双赢的局面。

第四，在优化贸易与产业协调发展方面，应更加强调贸易政策与产业政策的相互补充和协调。

对外贸易结构和产业结构之间存在紧密联系，对外贸易结构对产业结构影响显著，而产业结构也会对对外贸易结构产生潜在影响。必须明确中国在贸易政策和产业政策之间的理论基础，并着重关注在协调过程中可能出现的系统性和结构性问题。我们还需关注产业领域内的协调难题，同时还要注意贸易救济政策与产业安全保障政策的协调性的问题。要特别关注贸易政策和产业政策的协调问题，通过分析产业的特点，探索在实际操作中如何协调贸易政策和产业政策，并最终确定可行的贸易政策和产业政策协调路径。

（三）贸易高质量发展战略的发展

随着2008年金融危机爆发，全球经济普遍受到冲击，在很长一段时间内，国际贸易前景难言乐观，这迫使我国加速调整对外贸易发展方式，形成一种有力的"促进机制"。目前，全球经济复苏缓慢且下行风险仍未减少，这给我国对外贸易稳定发展带来了许多难题和挑战。国际市场需求不振，并且供应方面出现了新的变数，这是一个明显的特点。美国经济在需求方面表现疲软，失业率居高不下，房地产市场持续低迷，消费者信心指数不太乐观。由于主权债务危机的影响，欧盟成员被迫采取紧缩的财政政策，这对其经济

的复苏带来了一定的限制，同时也必然影响社保、养老等福利开支，并削弱了消费者的购买能力。随着新兴经济体经济增速的下滑，中国企业在开拓新市场时受到了需求减少的限制。发达国家鼓励本土制造业再生产以增强供给能力，而发展中国家的劳动密集型产业的竞争力也不断提升，这导致国际竞争越来越激烈。另外一个明显的发展趋势是，自 2019 年以来，我国面临的经济贸易摩擦形势严峻，贸易救济案件数量和涉案金额不容忽视，特别是在反倾销和反补贴等贸易救济措施上，滥用的情况屡见不鲜。一些发达国家的经济衰退正好碰到选举政治周期，这导致经济和贸易问题被政治化，也导致它们趋向于采取贸易保护主义政策来针对中国。为了应对这些挑战，我们必须适应国际经济贸易格局调整，采取积极主动的态度，转变我国对外贸易的发展方式。

在国内方面，我国对外贸易的平稳发展既有有利条件，也面临成本上涨等方面的挑战，因此我们必须迅速应对对外贸易转型升级的紧要问题。我国仍具备各种有利条件、内在优势以及长期向好趋势，这是因为我国处于经济发展的重要战略机遇期。我们的经济持续稳健增长，为中国的对外贸易发展提供了有力支撑。尽管如今的市场竞争激烈，但我国在对外贸易方面仍保持着传统的优势，并逐渐形成了新的竞争优势。此外，我们也在稳步推进多元化的市场战略，企业在这样的竞争环境下不断成长。特别值得一提的是，国际金融危机的磨炼和洗礼锤炼了我国企业的承压能力，同时也大大提升了我们的风险控制、市场拓展和创新能力。但是，一些国内长期存在的阻碍对外贸易发展的矛盾和短期问题相互叠加，使得对外贸易企业的经营负担明显加重。由于劳动力工资、原材料价格、人民币汇率、贷款利息和厂房租金等生产经营成本的不断增加，对外贸易企业的价格优势遭受了一定程度的打击，这对企业的利润产生了不小的影响。换句话说，传统的对外贸易发展模式依赖于有形要素，如资源能源和劳动力等，在当前情况下已经不能够继续支撑我国的对外贸易发展。为了促进经济发展方式转型，我国必须改变对外贸易发展方式，以适应新形势。

加快对外贸易发展方式转型的落实，是达到贸易强国目标的重要战略措

施。中国已成为贸易大国，然而还未达到贸易强国。相较于那些国际贸易"领头羊"，我们国家的对外贸易商品在质量、级别、附加值方面尚有提升的空间；在企业的核心竞争力方面，例如研发设计，还需更进一步加强；行业间的协作和与政府一起参与国际贸易规则的制定的能力也有待加强。为了继续保持贸易大国地位，并推动走向贸易强国，也为了应对国内外形势的变化，我国对外贸易发展方式必须进行战略性的调整，在确保稳定外需的同时，也要注重对外贸易的质量和水平。我们需要调整经济战略，以适应新的形势，这其中包括从依靠出口和吸收外资为主向注重进口和出口、吸收外资和对外投资并重的形势转变，并更加积极主动地实行对外开放；不断开拓新的开放领域和空间，不断推进与各方的利益交流，改善符合开放型经济发展需求的制度和机制，并采取有效的风险控制措施。我们需要以开放的态度来促进发展、改革和创新。同时，我们要致力于提高传统优势的对外贸易发展，并培育以技术、品牌、质量、服务为核心竞争力的对外贸易新优势，提高对外贸易发展的质量和水平，从而实现对外贸易的可持续发展。

国家因此制定了一系列的政策措施来促进出口。但是，对外贸易发展不平衡、不协调、不可持续的问题仍然存在，迫切需要转变对外贸易发展方式，以及进一步增强对外贸易推动经济增长、促进社会和谐、扩大国际影响力的作用。2012 年 2 月 17 日，商务部等十部委联合发布《关于加快转变对外贸易发展方式的指导意见》；2014 年 5 月 4 日，国务院办公厅以国办发〔2014〕19 号印发《关于支持外贸稳定增长的若干意见》，提出着力优化对外贸易结构、进一步改善对外贸易环境、强化政策保障、增强对外贸易企业竞争力、加强组织领导等指导意见来保障对外贸易增长。随着新形势的发展，2019 年 11 月发布的《中共中央　国务院关于推进贸易高质量发展的指导意见》为推进贸易高质量发展工作提供了指引和遵循。该指导意见的出台，意味着中国对外贸易的战略方向正式进入高级发展阶段。

六、出口市场多元化战略

扩大出口规模，优化出口结构，必须有市场拓展做保证。任何市场的容

量都是有限的，市场的分散和多元化是市场扩展的主要方面。

（一）出口市场多元化战略的定义

出口市场战略就是对我国出口贸易的市场格局做出战略性安排。我国从"八五"计划时期起开始实施出口市场多元化战略，即根据国际政治经济条件的变化，充分发挥我国的优势，有重点、有计划地逐步建立起我国出口市场合理的多元化的总体格局。

（二）实施出口市场多元化战略的必要性

上述这种相对集中的市场格局，不仅使我国对外经济贸易发展的回旋余地受到限制，而且也潜伏着一定风险。因此，我国必须调整目前的出口市场格局，坚持实施出口市场多元化战略。实施出口市场多元化战略的必要性在于以下几个方面。

第一，有利于减少贸易摩擦、规避市场风险。

第二，有利于出口贸易持续、健康、稳定发展。

第三，有利于在国际贸易中争取有利的贸易条件。

第四，有利于全面参与国际分工，提高我国在国际分工中的地位。

（三）实施出口市场多元化战略的措施

实施出口市场多元化战略，要针对不同市场的特点，制定不同的开拓战略。我国对发达国家市场的开拓要以商品结构的优化为重点，对新兴市场的开拓要适应不同的消费层次，要针对不同国家和地区制定相应的出口政策，逐步实现以新兴市场为重点、以周边国家贸易为支撑、发达国家和发展中国家市场合理分布的市场结构。其具体措施如下。

1. 深度开发发达国家传统出口市场

第一，深度开拓要以商品结构的优化为重点，逐步提高参与水平分工的比重，获取更多的比较利益。

第二，要进一步了解和研究发达国家与地区的贸易法规和惯例，充分运

用其先进的贸易基础设施和经销网络，特别是要深入研究这些国家市场上深层次的销售系统。

第三，要改善售后服务，稳定和提高我国出口商品的市场占有率。

第四，在深度开发和巩固传统市场时，还应根据各个市场的不同特点，制定相应的开拓策略。

2. 稳定和扩大东南亚市场

中国香港是国际贸易和国际金融中心，应继续发挥其作为内地出口商品中转站的作用，推动内地与香港的经济合作向更高层次发展。同时，要加强对港澳地区出口的管理和协调工作，维护对港澳地区出口的良好秩序，保证对港澳地区出口的稳定增长。中国对东盟、中国台湾、韩国的贸易都呈逆差，应一方面调整商品结构，适应对方市场需求；另一方面，加强双边磋商，按国际贸易规则，要求对方消除贸易壁垒，增加我国产品进入市场的机会。

3. 积极扩大独联体、东欧国家市场

我国开拓独联体、东欧国家市场不仅面临机遇，而且也面临挑战。因此，应采取有力措施积极开拓独联体、东欧国家市场。第一，要加强市场调研。第二，要努力扩大优质产品出口。第三，国家应进一步完善鼓励扶持政策。

第四节　中国对外贸易发展的理论基础

一、西方传统贸易理论

可以说，传统贸易理论起源于对重商主义观念的反思和批判。16—18世纪，重商主义的理论家为政府干预贸易的关税和非关税壁垒措施提供了一整套理论支持。其主要思想是，金银是财富的代表，因此，应该通过促进出口和限制进口来实现对外贸易顺差，从而获得更多的金银。亚当·斯密用"看不见的手"这一经济学观点批判了重商主义贸易理论，他提出了国际贸易的绝对成本学说，这可以被视为传统贸易理论的起点。

绝对成本学说由亚当·斯密提出，随后被大卫·李嘉图发展为比较成本

理论。比较成本理论揭示了互利贸易的基础及其带来的贸易利益。随后，赫克歇尔和俄林提出了要素禀赋论，认为比较成本的差异源于不同国家的资源禀赋和其生产不同商品需要不同生产要素的程度不同。基于这一理论，雷布津斯基及其他学者进一步发展和完善了传统国际贸易理论的结构。

（一）绝对成本论

亚当·斯密（Adam Smith，1723—1790）是英国著名的古典政治经济学的主要奠基人之一，也是国际分工与国际贸易理论的创始人，还是倡导自由贸易的带头人。

在斯密所生活的年代，英国逐渐展开产业革命，其经济实力不断壮大。而新兴的产业资产阶级则急切地要求在国民经济的各个领域中高速发展资本主义。然而，由于中世纪所留下来的行会制度和建立于资本主义原始积累时期的重商主义政策体系，这一过程被严重限制。行会制度对生产者和商人的正常活动构成了严重限制，而重商主义的过分保护主义则从根本上阻碍了对外贸易的扩大。这也使新兴资产阶级从海外获得生产所需的廉价原料，并为其产品寻找更大的海外市场的愿望难以实现。在 1776 年，亚当·斯密发表了《国民财富的性质和原因的研究》（也称为《国富论》），他的观点是建立在产业资产阶级的基础上的。他提出了绝对成本论，用以说明国际分工的根源、方式及对经济的影响。

根据绝对成本论，两个国家开展贸易的原因在于它们之间的生产成本存在差异。如果外国提供的商品成本比本国制造的还要更便宜，那么最好使用本国擅长生产的产品与其进行交换，而不要自己生产。如果每个国家都专门生产自己具有的绝对优势的产品，并在国际进行交易，那么所有参与者都可因此获利。亚当·斯密为了阐述自己的理论，举个例子来阐述：假设有两个国家，一个是英国，另一个是葡萄牙；两国生产的商品分别是葡萄酒和毛呢；生产这两种商品所需要的唯一要素是劳动。设想在英国和葡萄牙这两个国家中，都生产葡萄酒和毛呢两种物品。如表 1-4-1 所示为它们的生产情况。在这样的情形下，可以实行国际分工和国际交换，这对两个国家都是有益的，如表 1-4-2 所示。

表 1-4-1   亚当·斯密的举例（分工前的情况）

国家	葡萄酒产量/单位	所需劳动人数/（人/年）	毛呢产量/单位	所需劳动人数/（人/年）
英国	1	120	1	70
葡萄牙	1	80	1	110

表 1-4-2   亚当·斯密的举例（分工后的情况）

国家	葡萄酒产量/单位	所需劳动人数/（人/年）	毛呢产量/单位	所需劳动人数/（人/年）
英国	0	0	2.714	190
葡萄牙	2.375	190	0	0

假定分工后，英国以 1 单位毛呢交换葡萄牙 1 单位葡萄酒，则两国拥有产品的情况如表 1-4-3 所示。

表 1-4-3   假定分工后的情况

国家	葡萄酒产量/单位	毛呢产量/单位
英国	1	1.714
葡萄牙	1.375	1

从表 1-4-1 到 1-4-3 可见，在英国、葡萄牙两国分工后，两国的总产量都有所增加。国际贸易使得两国人民的消费水平得到提高。如果一个国家在某种商品生产方面有绝对优势，生产这种商品的成本比其他国家低，而在另一种商品生产方面处于劣势，成本高于其他国家，则国际贸易就可以建立在这个基础上。因此，各国可以通过参与国际分工进行国际贸易，以此实现相互利益。

通过亚当·斯密的绝对成本论，我们可以发现社会分工和国际分工的实施可以使资源更有效地被利用。相比之下，不像重商主义者所言，国际贸易可以使贸易双方都获利，而非单方面获利。自由贸易政策的主张得以确立，得益于贸易利益的普遍性原则。然而，强调绝对优势的理论必须建立在一个

前提上，即贸易双方的分工和交易条件是相适应的。例如，在北美和南美这样的地区，由于气候和人力资源技术差异的影响，各地必须生产至少一种成本极低的产品，以便进行交易并从中获利。然而，实际上国际贸易中的许多产品，尤其是工业制成品，并不受自然地理条件的束缚。即便一个国家经济不发达、技术落后，生产的两种商品都处于劣势，那会不会仍然发生国际贸易？在国际贸易中，处于劣势的国家能否从中获得一些利益？大卫·李嘉图的比较成本论针对以上问题，给出了答案。

（二）比较成本论

大卫·李嘉图（David Ricardo，1772—1823）是著名的英国经济学家，是资产阶级古典政治经济学的完成者。

在李嘉图的时代，英国工业革命蓬勃发展，资本主义不断崛起并且持续壮大。工业革命的进展导致了英国社会的主要矛盾表现为工业资产阶级与贵族阶级之间的尖锐矛盾。工业资产阶级在斗争中得到了李嘉图的支持，他发展了亚当·斯密的理论，提出了比较成本论，并提倡自由贸易，这使得工业资产阶级获得了强有力的理论支持。

大卫·李嘉图在亚当·斯密的绝对成本论基础上，进一步发展了比较成本论。亚当·斯密提出，因为各国的天然资源和后天形成的条件不同，就会有一些产品在某些国家的生产成本比其他国家低，这便是绝对优势。按照绝对优势的原则进行生产和交换，不仅可令各国受益，也将有利于提高全球经济水平。大卫·李嘉图进一步发展了亚当·斯密的理论，他认为各国不必局限于生产成本绝对低的商品，而只需生产成本相对较低的产品并进行对外贸易，便可以实现社会劳动力的有效利用和节约，同时还能够从中获取利益。

李嘉图提出的比较成本论的理论基础是他的劳动价值论。依据劳动价值论，一个商品的价值由生产该商品所需的劳动成本所决定。在国内贸易中，交换价值主要受劳动成本影响。根据李嘉图的理论，一国在制造两种商品上都不如其他国家优势，因此它们的劣势水平也会不同，一般来说，其中必定有一种商品的劣势相对较小，也就是具有相对优势。如果一个国家能够充分利用其相对优势从事专业化生产，并且通过国际贸易以自己的产品来换取那些进口劣势程度较高的产品，那么这个国家也能从这种交换中获益。同样地，假设两种产品的生产成本都比绝对优势国家要低，那么应该专注于生产和出口优势程度较高的产品，并进口优势程度低的产品，以此在贸易中获得利益。这就是比较成本论。李嘉图为了阐释这一理论，沿用了斯密的英国和葡萄牙的例子，并改变了其中的一些条件（表 1-4-4、表 1-4-5）。

表 1-4-4 李嘉图的举例（分工前的情况）

分工前	毛呢	葡萄酒
英国	100 人/年	120 人/年
葡萄牙	90 人/年	80 人/年

表 1-4-5 李嘉图的举例（分工后的情况）

分工后	毛呢	葡萄酒
英国	(100 + 120)÷100 = 2.2 单位	
葡萄牙		(80 + 90)÷80 = 2.125 单位

设想英国和葡萄牙这两个国家同时从事葡萄酒和毛呢的生产。在分工之前，表中记录了每个国家生产一单位葡萄酒和毛呢所需要的劳动量，以及在分工之后，各自获得的两种产品的数量。根据表格可以看出，葡萄牙在制造葡萄酒和毛呢方面的劳动力成本均低于英国，葡萄酒的生产成本为英国的0.67 倍，毛呢的生产成本为英国的 0.9 倍。因此，与英国相比，葡萄牙葡萄酒的制造成本更低，葡萄牙在制造葡萄酒方面具有更大的竞争优势。但是就英国来说，无论是葡萄酒还是毛呢的制造成本都比葡萄牙高，毛呢的生产成本为葡萄牙的 1.1 倍，而葡萄酒的生产成本为葡萄牙的 1.5 倍。但是，相比之下，毛呢的生产成本要略微低一些，因此在毛呢制造方面，英国拥有比较优势。基于"两优取其重，两劣取其轻"的原则，葡萄牙和英国应该各自专注于它们擅长的领域，即葡萄牙生产葡萄酒，英国生产毛呢。之后，双方可以开展交换贸易。

分工的结果是，两国的总劳动投入并没有增加，但两种产品的总产量却

增加了。具体而言，葡萄酒产量增加了 0.125 个单位，毛呢产量增加了 0.2 个单位。可见，两国进行互换可以使得双方都得到好处，也就是说，双方都能享受到相应的利益。

需要说明的是，李嘉图的比较成本论采用了一种高度简化的经济模型，用于解释复杂的经济现象。他的古典国际贸易理论建立在多个重要假设的基础上，这些假设包括：一是世界上只有两个国家，这两个国家只能生产两种产品，而且只能使用一种要素投入，因此这种分析方法也称 2×2×1 模型；二是所有的劳动都是同质的，无论技能水平高低，都被计算在真实劳动时间成本中，作为产品成本（价格）的衡量标准；三是在成本不变的前提下，生产的规模收益保持不变；四是无须考虑运输费用和交易成本；五是实现劳动力的充分就业，并在国内流动自由，而不在国际流动；六是生产因素的市场和产品的市场都是完全竞争的市场；七是国际贸易对一个国家的居民相对收入水平没有影响，即并没有改变收入分配；八是贸易要以实物贸易的形式进行；九是国际经济是一个静态的系统，不存在技术进步和经济发展的概念。这些假设条件导致比较成本论与实际情况之间存在很大的差异。然而，李嘉图的比较成本论揭示了一条科学规律——比较成本法则。根据实证经济学的观点，无论国家的生产水平高低，只要按照比较成本论参与国际分工和贸易，都可以获得实际收益。

（三）要素禀赋论

所谓要素禀赋论，是由瑞典著名经济学家赫克歇尔（Eli Heckscher，1879—1952）与俄林（Bertil Ohlin，1899—1979）提出的一种关于国际贸易的理论，又被称为要素比例学说或赫克歇尔—俄林定理。1919 年，赫克歇尔发表了一篇备受关注的论文《对外贸易对收入分配的影响》，阐述了他的要素禀赋论的论点。1933 年，俄林出版了《城际贸易和国际贸易》一书，继承了他的导师赫克歇尔的理论观点，并创立了要素禀赋论。在 20 世纪 40 年代，萨缪尔森（P.A.Samuelson）对赫—俄定理进行了延伸和发展，因此该理论也被称为赫—俄—萨（H—O—S）定理。

H—O 定理是指要素禀赋论，该学说主要是分析相互关联的价格结构，解释国际贸易的产生和一国的进出口贸易类型，其核心思想是基于生产要素的丰缺。

H—O 定理指出，不同国家的国际贸易是由于各国生产要素禀赋不同，同种商品在不同国家的相对价格存在差异。因此，商品价格差异直接取决于各国要素的相对价格差异，这也是产生国际贸易的根本原因。

生产不同商品所需要的要素比例各异，也就是说，各种商品的要素密度不同。根据要素禀赋论的理论，一国应该出口的是其拥有丰富、成本低廉的生产要素密集型商品，而应该进口的则是其相对稀缺、成本较高的生产要素密集型商品。例如劳动力资源充沛的国家，宜出口劳动密集型商品，并进口资本密集型商品。反之，资本富裕的国家应当向外出口资本密集型商品，并进口劳动密集型商品。这种贸易方式可以使得双方都能获益。

显而易见，国际分工格局和贸易类型的形成取决于各国要素禀赋的差异和不同商品所需的要素数量的差异，它们相互作用所形成的结果正是要素禀赋论的核心和精髓所在。

（四）里昂惕夫之谜

里昂惕夫（Wassily W.Leontief）是美国著名经济学家、投入产出经济学的创始人、诺贝尔经济学奖获得者。

根据赫克歇尔—俄林要素禀赋论所述，一个国家出口的应该是使用该国的丰富要素进行生产的产品，而进口的应该是使用稀缺要素进行密集生产的产品。根据要素禀赋论，美国拥有丰富的资本资源，但劳动力供应相对不足。因此，美国适合出口资本密集型产品，并进口劳动密集型产品。1953年，里昂惕夫运用投入产出分析法对美国的 200 个行业进行了研究，以测试要素禀赋论的有效性。他将生产要素分为资本和劳动两类，并选出了具有代表性的一批出口商品和一批进口替代品，通过计算每百万美元的美国出口品和进口替代品所需的国内资本和劳动量，以及它们之间的比例，来进行分析（表 1-4-6）。

表 1-4-6　每百万美元的美国出口品和进口替代品对
国内资本和劳动力的需求额（1947 年）

	出口品	进口替代品
资本 K/美元	2 550 780	3 091 339
劳动力 L/人/年	182 313	170 004
资本/劳动力（K/L）	13.991	18.184

根据里昂惕夫的研究，美国进口替代品所需的资本密集程度比出口品高出约 22%，这表示美国参与国际分工是在劳动密集型生产专业化的基础上进行的，而不是在资本密集型生产专业化基础上进行的。换句话说，这个国家利用对外贸易来节约资本并利用剩余劳动力。经济学界对里昂惕夫惊人的发现产生了极大的兴趣，并初步将其命名为"里昂惕夫之谜"。1956年，里昂惕夫再次运用投入产出法来验证美国在 1951 年的贸易结构。结果发现，与之前的结果一致，这个谜团仍然无法解开。其他经济学家因"里昂惕夫之谜"而受到启发，开始研究其他国家的贸易格局，以验证要素禀赋论。结果，他们也发现了其他国家存在类似的谜团。"里昂惕夫之谜"引发了西方经济学界不同的观点和解释，并且这些观点的提出在一定程度上促进了战后西方国际分工和国际贸易理论的发展。

二、马克思主义国际贸易理论

（一）国际分工理论

1. 国际分工的定义

国际分工是指世界各国之间的劳动分工。

2. 国际分工理论的内容

（1）国际分工是在生产力发展的背景下产生的，它为生产力的提升提供了必要条件，是生产力发展的结果，同时国际分工属于客观的经济范畴。

人类历史上有三次科技革命，这三次科技革命使世界发生了翻天覆地的变化，并促进了国际分工的不断发展。

① 国际分工的萌芽阶段

在16—17世纪，手工业开始向工厂手工业转变，在简单机器的帮助下，人类社会进入资本原始积累时期。由此出现了最初的国际分工，国际分工开始进入萌芽阶段。

② 国际分工的发展阶段

人类在18世纪60年代到19世纪末进入第一次产业革命时期，这一时期以蒸汽机为主要标志。随着大规模机器生产的出现，不同经济水平的国家，包括销售工业品和输出原材料的国家，都被纳入国际分工体系之中。在这段时间内，国际分工的主要特征是工业化国家和农业国家之间的劳动分工，而且这种分工体系的核心是以英国为中心而形成的。

③ 资本主义国际分工体系的形成阶段

第二次产业变革时期是在19世纪末20世纪初发生的，在这一时期主要以电气工业为代表。电动机与电力技术的广泛应用，不仅大大提高了生产力，还加速了资本积累与聚集。这一时期自由竞争被垄断取代，国际分工进一步扩大，表现为宗主国与殖民地、半殖民地国家之间的分工越来越深入；国际分工的中心也由原先的英国变为其他众多国家，并在经济领域中占据主导地位；工业国与农业国之间的分工占据主导地位；建立了资本主义国际分工体系。

④ 国际分工的深化发展阶段

第二次世界大战后发生了第三次科技革命，由此人们进入了以电子工业为代表的时代。科学技术的迅猛发展，使其成为生产力的重要组成部分，并推动了国际分工的深入发展。具体表现为：工业国与工业国之间的分工占据主导地位；随着时间的推移，部门内部以及企业内部的分工趋势变得更加明显；经济发达国家和发展中国家之间的分工模式发生了变化；国际分工的范围已经从有形的商品领域拓展到了无形的服务业领域；国际分工表现出了多种形式和多层次的特征；研发和生产制造之间的职能分工越来越明确。

（2）随着社会生产力的不断进步，国际分工不断深化加强，进而促进了

全球市场的形成，推动了国际贸易的繁荣发展。

① 国际贸易是在国际分工的基础之上产生的。工业国和农业国的分工是在第一次产业革命后形成的；工业国与其内部不同部门之间的分工是在第二次产业革命后形成的；第三次工业革命后，各个部门内部的分工更加细化，这促使了国际交换的发生。

② 国际分工对国际贸易的发展起到至关重要的作用。随着科技革命的不断深入，第二次世界大战之后出现了许多新的部门、行业和产品，并且国际分工也呈现出多层次发展的趋势，这些变化对国际贸易造成了巨大的影响。

③ 国际分工、国际贸易的发展会促进社会生产力的进一步发展。

④ 马克思从两个方面对国际分工进行了分析。第一方面是从生产力的角度对国际分工产生与发展的必然性进行分析；第二方面是从生产关系的角度对资本主义分工的性质与特点进行分析。

3. 中国利用国际分工理论发展对外贸易的必要性

（1）在推动社会生产力发展的过程中，参与国际分工并积极开展对外贸易是必要的。国际分工是社会生产力发展到一定阶段的必然产物，对社会生产力有很大的促进作用。大力发展生产力是社会主义的根本任务，因此我国要积极参与国际分工，发展对外贸易，最终加快经济的发展速度。

（2）在参与国际分工发展过程中，我国应当遵循对外贸易的基本原则。现今资本主义国际分工占据着主导地位，在这种情况下，我国要想发展对外贸易、参与国际分工，就一定要遵循平等互利、独立自主、符合国情的原则，从而最大程度地减少资本主义国际分工对我国的不利影响。

（二）国际价值理论

1. 国际价值的定义

国际价值又称国际社会必要劳动时间，就是各个国家在生产某一商品时的平均劳动时间，同时还是同类商品在进入国际市场时所消耗的国内社会必要劳动时间的加权平均数。

2. 国际价值理论的内容

（1）商品的国际价值就是商品在国际市场上进行交换时使用的交换尺度，需要注意的是，国际社会必要劳动时间决定商品的国际价值。

（2）国际市场中的商品价值通常有两种尺度进行衡量，分别是国内价值与国际价值。由于使用的尺度不同，价值的衡量也会存在差异，也就产生了绝对差异和比较差异。

（3）只有利用好国内市场与国际市场之间的价值差异，才能在国际贸易中实现互惠互利。

① 利用绝对差异获取贸易利益

在两国交换的商品中，各自有一件商品的国内价值低于国际价值，因此，这两个国家都会有这种商品的竞争优势。因此，两国应当集中精力于生产和出口国内价值低于国际价值的商品，而进口国内价值高于国际价值的商品，以促进经济发展。这样才能实现以少的社会必要劳动时间换取多的社会必要劳动时间，从而达到互惠互利的目的。

② 利用比较差异获取贸易利益

在两国交换的商品中，如果一个国家的两种商品的国内价值都比国际价值低，就说明这两种商品都具有竞争优势，只不过是竞争优势不同。如果这个国家要想在国际贸易中获得贸易利益，那这个国家就应该生产并出口大优势的商品，进口优势较小的商品。相反，如果商品的国内价值高于国际价值，则说明商品不具备竞争优势，该国要想在国际贸易中获得利益，就需要生产并出口劣势较小的商品，进口劣势较大的商品。

3. 中国应正确运用国际价值理论发展对外贸易

（1）根据马克思主义国际价值理论，我国作为一个发展中国家，需要积极发展对外贸易，以实现节约社会劳动力、增加国内价值、获取贸易利益的目标，从而促进经济发展。

（2）我国的对外贸易应当以国民经济的长远发展为中心，不能仅以贸易利益为出发点，要在长远经济利益的前提下，充分利用国际市场条件，积极参与国际交换，以获取长期的贸易利益。

（三）社会再生产理论

（1）在某一国家内，由于多种因素的影响，实体形态上无法满足社会再生产所需的平衡要求。因为在现实中，各国的生产水平、经济结构、科学技术条件、资源以及气候等各方面存在限制，这导致实物形态不能完全符合社会再生产所需的比例关系。

（2）为了满足社会再生产比例关系的需求，必须依赖于对外贸易的支持。对外贸易的职责在于促进对外商品的流通和交换，以推动全球经济的发展。因此，对外贸易的作用在于促进使用价值的转化和生产比例的增加，从而满足社会再生产所需的比例关系。因此，为了促进社会再生产比例关系的顺畅进行，一个国家应当积极拓展对外贸易，实现物质形态的转型。

（3）发展对外贸易，可以平衡出口和进口之间的差异；要通过长期资源交换短期资源，扩大经济规模，加速经济发展，并提高国民的福利水平。若不积极开展对外贸易，国内经济只能实现自我循环，且只能在短线资源的基础上运行，导致长期资源无法得到充分利用，这将影响社会经济规模的潜力，导致国民经济发展受限。

（4）在新的经济循环中，对外贸易不仅可以调整和补充国民经济，还可以成为强有力的杠杆和推动力量。新的经济循环指利用国内资源与市场，结合国内外资源与市场形成的有机关系。在这种全新的经济循环中，国民经济可能会达到超越本国经济自身潜力并扩大再生产规模，构建高水平的国民经济综合平衡，从而实现更快速的经济增长和更优异的经济成效。我国只有通过进行对外贸易，才能根据我国的需要和国外市场的可能，将国内外资源和市场适当有机地结合起来。

三、新贸易理论

（一）新贸易理论的形成

自第二次世界大战以来，特别是从 20 世纪 60 年代开始，国际贸易经历

了一系列变革，包括工业发达国家之间的贸易增长迅速、产业内部贸易不断增长、跨国公司内部贸易和对外投资显著扩大，以及一些新兴工业化国家通过对外贸易取得了巨大的经济发展。现在的国际经济环境已经摒弃了封闭或半封闭的国别经济系统，形成了全新的格局。在这些新情况下，传统的基于比较优势的贸易理论的适用性变得有限，无法充分解释这些新的现实情况，这激起了人们对传统贸易理论的重新审视。传统国际贸易理论的前提是规模报酬不变和完全竞争的市场结构。这个假设非常完美，正是因为它的存在，自由贸易理论才能得出严谨无误、完整的结论。然而，假设的完美并不能证明其客观存在。我们可以观察到在现实经济中，随着生产量的增加，生产商的边际生产成本往往会降低。此外，大多数市场结构都不是完全竞争的。显而易见，传统贸易理论的假设前提存在一些问题，因此其无法有效地解释现实情况。

随着传统贸易的问题逐渐显现，新贸易理论随之出现。一些学者着眼于市场结构在理论研究中的重要作用，他们认为，在现实经济中，完全竞争状态未必是最优的选择。尽管规模经济会对市场结构的竞争性产生一定影响，但其仍然具有积极作用。他们认为经济必须具备有效竞争力，因此他们主张政府介入以实现规模经济与市场竞争的有机结合。迪克西特和斯蒂格利茨（Stigliz）于1977年发表了一篇论文——《垄断竞争与最优产品多样化》，他们在文中就规模经济与国际贸易的关系进行了讨论，并建立了一个规模经济与多样化消费的两难选择的模型，这是学界首次对完全竞争的假设进行了突破。

在1981年，克鲁格曼撰写了一篇名为《产业内专业化分工与得自贸易的利益》的论文，深入研究了对要素禀赋相似的国家之间的贸易、类似产品之间的贸易以及贸易所产生的收入分配效应，并建立了一个贸易模型。根据克鲁格曼的研究，当国家间越来越相似，并且市场结构由完全竞争逐渐变为不完全竞争，并进入规模报酬递增阶段时，规模经济就成为推动国际贸易的主要因素，进而取代要素禀赋差异的作用。这一模型的重要性在于，它不仅打破了传统贸易理论所假设的市场完全竞争和规模收益不变，而且还为新贸

易理论升华到基础贸易理论的层面提供了坚实基础，从而使其应用范围变得更加广泛。

《市场结构和对外贸易》一书问世于 1985 年，作者为赫尔普曼和克鲁格曼。这一著作被称为国际贸易理论的"重大突破"。这本书综合了多种最新贸易理论，并提出了一种全新的系统化分析框架。在分析过程中，它应用了产业组织理论来解释公司行为对国际贸易的影响，这标志着相关研究人员对新的贸易理论的突破。随着这本书的出版，新贸易理论正式形成。

（二）新贸易理论的内容

1. 技术差距理论

在面对"里昂惕夫之谜"时，传统的国际贸易理论和赫克歇尔—俄林的要素禀赋论已经无法解释美国出口劳动密集型商品，同时进口资本密集型商品的现象。波斯纳（M.A.Posner）于 1961 年在《牛津经济论丛》发表了《国际贸易和技术变化》一文，运用技术创新理论对赫克歇尔—俄林提出的要素禀赋论进行了修正，并提出了技术差距理论，解释了"里昂惕夫之谜"的问题。

技术差距理论，也称为创新与模仿理论，指出了国家间贸易与技术水平差别之间的联系。该理论认为，技术优势是一国在出口市场上取得优势的关键因素。在国外获得这一技术之前，一国若能成功创新某一产品，则该国可形成技术领先优势，继而获得技术领先产品输出。随着专利权转让、技术合作、对外投资和国际贸易等各种手段的不断推出，新技术不可避免地进入国外市场。当国外仿照某一个国家的创新技术进行自我生产时，创新国的出口市场就有可能逐渐萎缩。随着时间的推移，技术模仿国将逐渐获得新技术，从而消除技术差距，继续进行贸易，直至其生产出能够满足其对产品全部需求的产品。

波斯纳提出了一个概念，称为"模仿时滞时期"，它指的是当技术差距引起国际贸易终止时的时间间隔。这一时期可被划分为两个不同的阶段：一个是反应时滞；另一个则是掌握时滞。一个技术创新国家开始生产新产品，到另一个国家开始模仿这一国家的技术并生产出类似产品时，这段时间被称为反应时滞。所谓掌握时滞，指的是其他国家开始生产新产品后到其不再进口新产品的时间。需求时滞阶段是指技术创新国从开始生产新产品到推向市场的时间间隔，同时它也被称为反应时滞初期阶段。企业家的决策意识、公司规模利益、关税、运输成本、海外市场规模和居民收入水平等因素都会影响反应时滞期的长短。如果在生产全新产品的过程中，技术创新国家能够获得较多的规模利益、运输成本和进口关税减少，同时进出口国家市场容量和居民收入水平之间的差异较小，那么就有利于保持出口优势，并延长反应时滞阶段。否则这项优势很可能会逐渐消逝，反应时滞的阶段也会缩短。技术模仿过程的长短和吸收新技术的能力是决定掌握时滞长度的关键因素，吸收新技术能力强的国家则间隔时间较短。需求时滞长度的主要影响因素是两国之间的收入水平和市场规模差异。收入和市场规模相差越小，时滞长度就越短。

胡弗鲍尔（G.C.Hufbauer）用图形形象地描绘了波斯纳的学说，如图 1-4-1 所示。

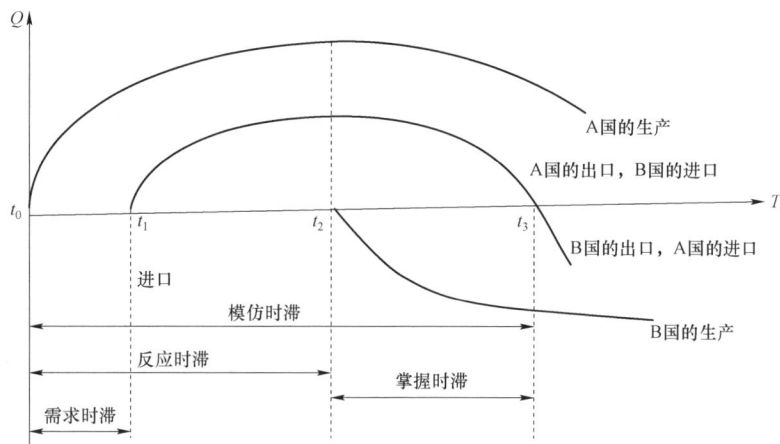

图 1-4-1　技术差距与国际贸易

如图 1-4-1 所示，横轴 T 表示时间，纵轴 Q 表示商品数量。T 的横线上方部分代表了技术创新国 A 所生产和出口（B 国进口）的数量，而下方则代

表了技术模仿国 B 所生产和出口（A 国进口）的数量。A 国从 t_0 开始生产新产品，t_0t_1 为需求时滞阶段，因此 B 国对该产品没有需求，所以 A 国不能将其出口到 B 国。在 t_1 之后，B 国开始效仿 A 国的消费，对新产品有了需求。由此 A 国向 B 国出口新产品，而 B 国开始大量进口这些新产品。随着时间的流逝，需求量逐渐增长，A 国的出口量和 B 国的进口量也逐渐增长。随着新技术逐渐传播到 B 国，在 t_2 阶段 B 国开始掌握该技术并且已经开始进行模仿生产新产品，这时反应时滞阶段就结束了，掌握时滞阶段则开始了。此时 A 国的生产和出口（B 国进口）量达到极大值。过了 t_2，随着 B 国生产规模的增加和产量的提高，A 国的生产量和对 B 国的出口量不断降低。当达到 t_3 时，B 国的生产规模进一步扩大，新产品的成本也进一步降低。这样一来，该公司的产品不仅适应国内市场需求，还具有出口的潜力。此时，技术水平差异消失，同时掌握时滞和模仿时滞的阶段也已结束。由此可见，A、B 两国的贸易时间段为 t_1t_3，即 B 国开始从 A 国进口到 A 国向 B 国出口为零这段时间。

格鲁伯和弗农等人进行了统计分析，利用 1962 年美国 19 个产业的相关数据，证实了这个理论。其中，5 个具有高度技术水平的产业（包括运输、电器、工具、化学、机器制造）的科研和研发经费占了 19 个产业总体科研和研发经费的 89.4%。在这 5 个产业中，技术人员的数量占 19 个产业总数的 85.3%。5 个产业的出口量占 19 个产业的总出口量的 72%。根据这项实证研究，我们可以得出结论，美国在上述的 5 个技术密集型产业中的生产和出口方面具有比较优势。因此，我们可以认为出口科研和技术密集型产品的国家，通常都拥有相对充足的资本要素。根据以上统计数据，可知美国就是符合此种情况的国家。

这一理论表明：首先，如果那些拥有先进技术的国家能够有效地遏制仿冒行为，那么他们所拥有的技术优势就能够长期保持不变；其次，两国在市场范围内的技术水平相似，会使得需求时滞时间缩短，从而促进贸易的提前发生和加速发展；最后，在模仿时滞阶段之后，随着低工资成本的变化，追随国家的贸易利益也会随之发生变化。

2. 产品生命周期说

1966年，美国销售学家弗农提出了产品生命周期说，此后该理论学说由威尔斯（Louis T.Wells）和赫希哲（Hirsch）等学者进行不断完善。产品生命周期说是一项著名的理论，旨在解释制成品贸易的现象。该理论指出，随着技术的不断创新和推广，制成品和生物具有相似的生命周期，都会经历五个不同的阶段，包括新生期、成长期、成熟期、销售下降期、让与期。在国际贸易中，不同国家在产品生命周期的不同阶段具有不同的地位。

新生期是指对新产品进行研究和开发的阶段。在初始发展阶段，国家需要耗费大量经费进行研发，同时还需要聘请大量专职科学家和工程师进行精细劳动。因当时生产技术还未达到稳定状态，产量比较低，缺乏规模经济的效益，这就导致成本比较高。而发达国家在这一领域就有相当大的竞争优势，这是因为发达国家有着充足的物质资源和人力资源，且发达国家的收入也相对较高。随着时间的推移，生产技术逐渐趋于稳健和成熟。随着国内消费者对创新产品的广泛接受，以及具有相似收入的国家纷纷效仿消费新产品，国外市场需求不断攀升，生产规模不断扩大，新产品也由此进入了成长期。在成长阶段，由于新技术尚未得到广泛推广，创新国的比较优势仍然占据着有利地位，具体表现为既能够占领国内市场，又能够开拓国际市场。

随着国际市场的开放，且在经历过一段时间的发展之后，生产技术已经成熟，并且批量生产规模也已逐渐适度。因此，新产品进入成熟期。在成熟阶段，由于生产技术已普及至国外，国外制造商开始仿制新产品，随着生产商的数量不断增加，市场竞争也越加激烈。随着生产技术逐渐成熟，研究与开发（R&D）要素已不再是关键要素，产品的生产由智能型（或R&D密集型）变成资本密集型，经营管理水平和销售技巧成为比较优势的重要条件。在这个阶段，大多数发达工业国都具有比较优势。当国外的生产能力提高到能够满足本国的需求时，即不再需要从创新国进口新产品，销售下降期就开始了。在这个阶段，产品已经被高度标准化，国外生产者凭借规模经济的优势大量生产，降低了产品的生产成本。由此，创新国逐渐失去了竞争优势，其出口量不断减少。当创新型国家完全失去比较优势，变成了净进口国时，

新产品开始进入让与期，并由其他国家取而代之。在此阶段，市场不再强调研究及开发因素对比较优势的重要性，甚至资本因素也逐渐失去其关键性；相反，低薪非熟练劳动成为了比较优势的一个重要组成部分，这个条件只有那些在工业化方面具有一定基础的发展中国家会具备。威尔斯以美国为创新国为例将产品生命周期通过图示说明，如图 1-4-2 所示。

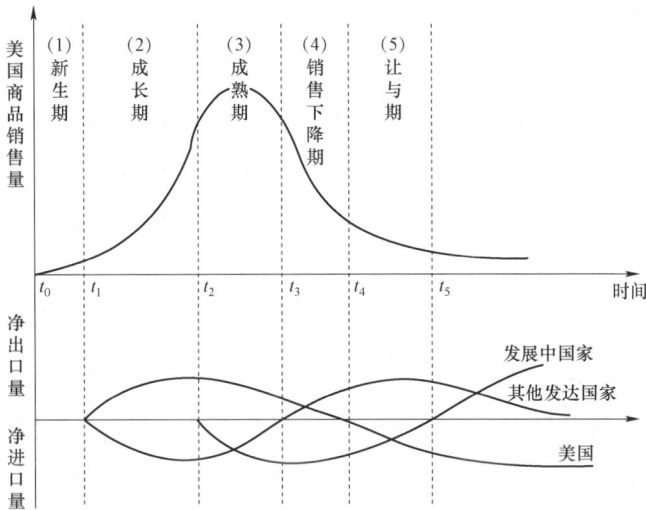

图 1-4-2　产品生命周期

　　如图 1-4-2 所示，纵轴表示美国商品销售量，横轴表示时间。美国在第一阶段致力于研发新产品，并在 t_0 时开始进行小规模的生产。这些产品主要销售于本国市场。美国在这个阶段处于垄断地位。随着经营规模的扩大和国际市场的需求提升，美国从 t_1 开始将该产品出口到海外市场，该产品进入第二阶段。在 t_2 处，国外制造商开始模仿新产品的生产，并与美国展开竞争，由此产品进入了第三阶段。随着国外制造商数量的增多以及生产能力的提高，美国的出口量呈现下降趋势，而其他一些发达国家则开始在 t_3 时期转变为净出口国，使得该产品进入了第四阶段。此时产品已经实现高度标准化，国外制造商开始利用规模经济进行大量生产，由此其生产成本也会降低，这种情况使得美国不再具备竞争优势，并在 t_4 时期成为该产品的净进口国，由此该产品进入第五阶段，乃至 t_5。发展中国家的低工资率，使他们在该产品

方面具有比较优势，低收入的发展中国家开始出口该产品到高收入的发达国家。换句话说，这个产品的生产已完全由发达国家转交给了发展中国家。

根据上述分析，我们可以得出结论：由于技术的传播与发展，各国在国际贸易中的地位正在不断变化。新技术和新产品的创新主要发生在美国，然后逐渐传播到其他发达国家，最终再传至发展中国家。当美国向其他发达国家大量出口新产品时，其他发达国家也正处于大量进口的时期。当美国的出口出现下滑时，意味着其他国家的生产和进口也可能出现下降；当美国的出口量大幅下降时，是其他发达国家大量出口时期；而发达国家的出口下降时，是发展中国家增加生产，减少进口的时期；而其他发达国家出口量的急剧下降时，发展中国家正处于大规模出口新技术和新产品的时期。美国现在正出口一些新型产品，像计算机、宇航器、生物制品以及新材料等。其他发达国家则转而由发展中国家落户生产汽车和彩电，同时也将纺织品和半导体业务转移到发展中国家。

产品生命周期描述了工业制成品的动态变化，并具有现实意义，对国际贸易的解释具有重要的参考价值。产品生命周期能引导人们了解出口市场的变化趋势，从而为正确制定对外贸易的产品策略和市场策略提供理论依据。

3. 偏好相似说

偏好相似说又称为需求偏好相似说，在 1961 年由瑞典经济学家林德（S.BLinder）在其著作《贸易与变化》中提出。他开创性地将需求因素引入国际贸易理论中，探究了需求在国际贸易中的重要作用。林德认为俄林的要素禀赋论仅适合于初级产品贸易，而对于工业品贸易并不适用。目前，工业品贸易已经取代初级产品贸易成为国际贸易的主导产品。在此背景下，林德提出了一种阐述工业品贸易中偏好相似性的理论。他说明了一个事实，即国与国之间的工业品贸易是先在国内市场建立起生产规模和国际竞争能力，然后才拓展国外市场。这是因为厂商通常会首先根据利润动机生产适合本国市场的新产品。当本国市场发展到一定程度，且规模有限时，他们才会开拓国外市场。因此，国内市场需求是支撑出口贸易的基础。林德认为当两国经济

发展水平和人均收入接近时，它们的需求结构和偏好会更加相似，这将导致它们之间的相互需求增强，贸易的可能性也就更高。假设这些国家的需求结构和偏好完全相同，那么它们的国内需求和外国的进口需求会有重合部分，也就是某个国家可能要进口或出口的某种商品，另一个国家可能也要进口或出口同一种商品，这便是两国进行贸易的基础。

如图 1-4-3 所示，纵坐标表示商品档次，横坐标表示人均收入，锥形区域 XOY 由 OX 和 OY 两条线以及原点构成，表示一个国家需要的商品档次的变动范围。假设甲国人均收入为 I_1，乙国人均收入为 I_2。甲国的需求商品档次范围为 AC，乙国的需求商品档次范围为 BD。当 BC 部分重合时，则表示两国会对 BC 范围内的商品进行贸易。两国的商品需求越相似，它们所需商品档次变动的范围重合部分就越大，这意味着它们之间的贸易可能性就越高。

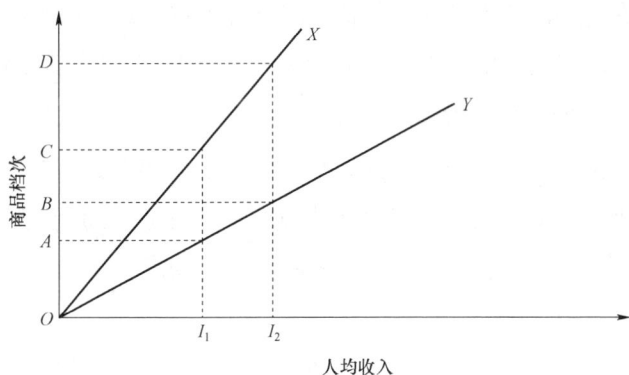

图 1-4-3　收入水平与需求结构重合

偏好相似理论解释了部门内贸易快速增长，以及发达国家之间贸易量远远超过发达国家与发展中国家之间贸易量的现象。传统的比较优势理论指出，当各国的经济发展水平相似时，它们之间开展国际贸易的可能性就会减弱。偏好相似理论从需求角度出发进行论证，认为经济发展水平相似的国家之间存在更大的贸易规模扩大的可能性。这一理论补充了比较利益理论，使其更符合实际的国际贸易情况。林德和克鲁格曼从不同的视角对第二次世界大战后部门之间的国际贸易迅速发展的现象进行了强有力的解释，并极大地

推动了国际贸易理论的发展。

4. 产业内贸易理论

产业内贸易理论又称为差异化产品理论，讲述的是同一产业内不同类型的产品之间的交换和其中间产品之间的流通。这是当前国际贸易理论中备受关注的话题之一。该理论综合了战后国际贸易新理论的研究成果，主要研究产业内贸易，也就是一个国家同时从其他国家进口和出口同一产业的产品，各国之间进行着同产业产品的差异化竞争，并认为这种贸易模式更贴切于现实情况的国际贸易形态。

20 世纪 70 年代中期以前，西方经济学家佛丹恩（Vordoorn）、迈凯利（Michaely）、巴拉萨（BelaBalassa）和小岛清（Kojima）对产业内贸易做了大量的实验性研究。20 世纪 70 年代中期，格鲁贝尔和劳尔德对产业内贸易现象做了开创性、系统性的研究，使产业内贸易理论发展步入第二阶段——理论性研究阶段。格鲁贝尔和劳尔德在《产业内贸易》一书中阐述，产业内贸易规模经济是产业内贸易的基本原因有多种，包括技术差距、研究与开发、产品的异质性和产品生命周期的结合、人力资本密集度差异与收入分配差异的结合。他们认为，当各国生产要素相似时，它们的产业结构差异便越小，因此它们之间的贸易往往会呈现出产业内贸易的特征。20 世纪 70 年代中期以后，在对产业内贸易的理论性研究不断深化的同时，人们对产业内贸易的实证性研究也逐步深入。

产业内贸易指的是贸易双方交换的产品属于同一产业部门，即贸易伙伴间既进口又出口属于同一部门的产品。传统的贸易理论所解释的是不同产业间的贸易，即要素禀赋不同的国家，相互交换不同产业部门的产品。显而易见，传统贸易理论无法解释产业内的贸易现象。这是由于传统贸易理论有两个重要的假定，而这些假定又与现实情况有着较大的差别。这两个假定：一是假定不同产品的生产所需的要素密集度不同，各国的生产要素禀赋也不同，因此贸易结构、流向和比较优势是由各国的不同要素禀赋来决定的；二是假设市场竞争是完全的，在某一特定产业中的厂商，制造相同产品的生产商都具有相似的生产条件。

产业内贸易理论通过产品差异性、规模经济或规模报酬递增以及偏好相似等概念解释产业内贸易形成的原因。

（1）产品差异性。同一类产品之间可能有所区别，尤其是在工业领域，这种区别更加明显。产业内部的贸易建立在产品差异性的基础上。同类型但具有不同特性的产品能够满足不同消费者的消费需求，但由于各国之间财力、物力、人力和科技水平的不同，它们无法在比较利益的部门生产所有的差别化产品，因此它们必须进行取舍，集中资源专门生产某些差异化产品，从而从中获得规模经济效益。这也会导致国家间进行产业内分工，使得国家间产业内贸易得以发生与发展。

（2）规模经济或规模报酬递增。产业内贸易的重要成因是规模经济或规模报酬递增。在同一产业部门内，由于规模经济的作用，许多生产同类产品的企业进行竞争，导致优胜劣汰，最终只有一家或几家企业成为产业的主导者，大型企业也会发展成为出口商。然而，由于规模经济的限制，一个国家只有少数几家大型企业能够生产一些同类产品，这导致它们无法满足消费者对同类差异化产品的多种需求。这样就促成了国家间的产业内部分工和贸易。一国集中生产某个产业的特定差异化产品，而另一个国家则专注于生产该产业的其他不同差异化产品，两国互相进行交换。这种方法能够同时使两国制造商获得规模经济效益，满足两国消费者需求的产品多样性。当两个国家的生产要素相似时，它们更有可能生产相同的产品，因此两国之间的产业内贸易也就更加频繁。

（3）偏好相似。这是在应用林德理论。发达国家在产业结构方面表现出相似的倾向，主要依赖于在不同部门内对产品进行分工合作。发达国家之间的薪资水平相当，购买习惯大致一致，彼此的产品需求互有交集。因此，发达国家之间的贸易量也会增加。虽然产业内贸易理论研究的对象是发达国家的贸易，但对于那些已经完成工业化的发展中国家来说，它仍然提供了重要的指导，使其能够提高国际贸易竞争力。一方面，在国际贸易中提升地位，发展中国家不能只依赖资源，即使是财富或技术这样的资源。必须考虑规模

经济,以增强国际竞争力;另一方面,针对那些可以获得显著规模经济效益的新兴产业,政府必须在产业和贸易政策等方面进行干预。

5. 国家竞争优势理论

在 20 世纪八九十年代,哈佛大学商学院的教授迈克尔·波特(Michael Porter)出版了三本书,分别是《竞争战略》《竞争优势》《国家竞争优势》。这些书在西方的经济学界和企业界引起了极大的关注。前两本著作着重探究了企业如何在激烈的市场竞争中取得优势,而《国家竞争优势》则基于此进一步阐述:在国际竞争中取得优势是影响国家兴衰的根本因素。这三本书都将竞争优势作为核心关注点,并将其与国际市场紧密结合。

国家竞争优势理论是在美国国际经济地位发生变化的背景下产生的。美国在第二次世界大战之后的 20 年时间里,经济实力强劲,远超其他国家,占据着世界领先地位。但随着其他西方国家经济的迅猛发展,美国在全球经济中的份额不断减少,其他经济指标也随之下降。从 20 世纪 70 年代开始,西欧共同市场的出现和不断扩大的影响力,以及日本的崛起,都给美国在国际经济贸易领域的地位带来了严峻的挑战。美国的国际市场竞争力已遭受重创,甚至被新兴工业化国家挤占了在全球市场上的份额。在 20 世纪 80 年代,全球经济贸易的竞争越来越激烈,美国的对外贸易逆差与国际收支赤字不断扩大。美国一直在寻求贸易保护主义的庇护。在这种情况下,如何保持过去的竞争优势成为美国关注的一个重要问题,为了应对这一客观要求,波特的理论应运而生。

一个国家的竞争优势是由什么决定的?这是过去的国际贸易理论一直未能很好解答的问题

根据传统贸易理论的观点,一个国家或企业的竞争优势来自比较优势方面的生产要素,即价格和生产率。新贸易理论认为,一个国家或企业的竞争优势源自其在技术水平、市场规模等方面的优势。然而波特认为,虽然以各国劳动生产率差异和要素禀赋差异为国家竞争优势源泉的比较利益论可以解释很多产业的贸易模式,但是仍有很多缺陷。例如,这种理论无法解释工业化国家之间日益相似的要素禀赋情况下,它们之间的产业内贸易。因此,

这些理论对当前国际贸易现象的解释力值得怀疑。随着科技的快速进步，要素成本变得不那么重要了，比较利益论也逐渐失去了其重要性。

规模经济理论开创了一种新的解释方式，对传统的比较利益理论进行了深入探讨和拓展。它不仅说明了贸易即使不存在要素禀赋差异也能发生的原因，而且解释了同一产业内贸易的奥秘；虽然它强调规模经济对企业竞争优势的重要性，但它未说明哪些国家的企业能够获得此优势，以及哪些行业的企业可以从中受益。

技术差距理论尝试超越比较利益理论。依据技术差距理论，一个国家是否能够出口某种产品，主要取决于该国是否处于那一产品领域的技术领先地位。当技术水平逐渐普及并缩小差距时，那些领先技术的国家出口其领先产品的数量将会逐步减少。技术的差异对于企业的竞争有着非常重要的影响，但这一理论无法解释为什么会出现技术差距，以及哪个国家将获得技术领先优势。产品周期理论是一项旨在超越比较利益理论的重要尝试。根据产品生命周期理论，美国领先的许多产品之所以能够保持全球领先地位，是因为美国国内对先进产品的需求超过其他国家，这使得美国企业能够最先研发新产品，并在产业发展的早期阶段将其出口到其他国家。随着海外市场需求的上升，生产逐渐向国外转移。最终，因技术普及和外国低成本企业的涌入，美国已从该产品的出口国转变为进口国。尽管产品周期理论能够有效地描述创新在国内市场中的影响，但是它却存在一些未能解决的问题，例如，为什么有些国家的产品在国内市场的销量表现不够理想或发展缓慢，却能够成为全球领先者？为什么很多国家的产业没有与该理论所预测那样会失去竞争优势？根据波特的观点，一个国家能否在国际上赢得优势，取决于它是否具备合适的创新机制以及充足的创新能力。从创新机制的角度来看，我们可以从三个不同的方面展开思考：第一个角度是针对微观竞争机制的考虑。企业的内部活力是国家竞争优势的基础，缺乏进取精神的企业则无法为国家创造整体优势。第二个角度是针对中观竞争机制的考虑。企业经营过程要想得到升级，就需要企业的前向、后向和旁侧关联企业的辅助与支持。这是因为企业的创新不仅受到企业内部要素的影响，同时也与其所处的产业与区域息息相

关。第三个角度是针对宏观竞争机制的考虑。某些企业或产业的竞争优势并不一定会转化为国家竞争优势。

因此，宏观竞争机制在决定一国是否取得国家竞争优势方面扮演着至关重要的角色。波特还提出了一个钻石模型（Diamonds Framework），以揭示影响宏观竞争机制的决定因素。四组基本决定因素和两组辅助因素构成了钻石模型。四组基本决定因素分别是生产要素、需求条件、相关产业和支持性产业的表现，以及企业的战略、结构和竞争对手。每组因素既可以独立运作，又可以彼此产生影响。四组基本决定因素相互融合，形成一个整体，共同决定着国家竞争优势（图1-4-4）。钻石模型中的"生产要素"指的是一个国家在特定产业竞争中的生产能力，包括劳动力、可用的耕地面积、自然资源、资本以及基础设施建设水平等方面。

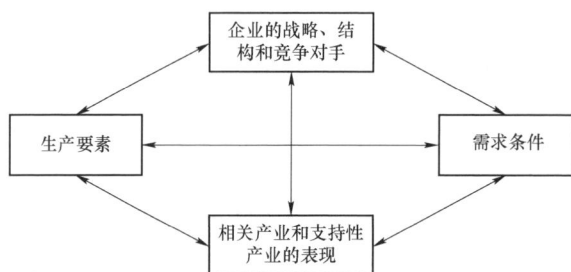

图 1-4-4　国家竞争优势的决定因素

钻石模型中的"需求条件"是指该产业在本国市场中所面临的提供产品或服务需求情况。国内买主的结构和买主的性质能够体现出国内需求对竞争优势产生的影响。由于国内需求的多样性，厂商对买家的需求会产生不同的看法和理解，并做出相应的反应。如果某国早早地向本土厂商提供需求信号或施加压力，要求他们比国外竞争者更快地创新并提供更先进的产品，那么该国很可能在该产业获得竞争优势。

钻石模型中的"相关产业和支持性产业的表现"指的是相关产业和上游产业是否具有国际竞争力。如果一个国家的产业想有长久的竞争优势，这个国家就必须在国内获得在国际上有竞争力的供应商和相关产业的支持。支持性产业可以为下游产业创造竞争优势，这可以通过以下几种方式实现：首先，

以最有效的方式及时地为国内公司提供成本最低的投入品；其次，它可以不断地与下游产业合作，以推动下游产业的创新。相关产业是指彼此之间共用一些技术、服务或营销渠道，由此而联系在一起的产业或互补性的产业。当一个国家内有多个竞争力产业，并且这些产业彼此之间还有联系，那么这个国家更容易发展出新的有竞争力的产业。因此，在一个国家中往往会出现几种相关产业具有竞争力的情况。钻石模型中的"企业的战略、结构和竞争对手"指的是企业在某个国家内的组织架构、管理形态以及其在国内市场竞争中的表现，包括公司建立、组织和管理环境、国内竞争的要素。各国企业在目标、策略和组织方式等方面存在显著差异。国家的优势源于对这些因素的合理选择和恰当搭配。国家获得竞争优势的背后，与国内竞争的激烈程度息息相关。激烈的国内竞争可以被视为创造和维持竞争优势的最有效刺激因素。

除以上所列的四个因素之外，还有两个关键因素，对于一个国家的竞争优势也可产生巨大影响：一是该国所遇到的机会；二是政府的作用。机会主要包括重大技术变化、重要的新发明、外汇汇率的变化、投入成本的变化、突然出现的大量需求、战争等。机遇的重要性在于其有可能打破事物原本的发展趋势，进而使曾经领先的公司失去竞争优势，而那些原本落后的公司则有机会通过抓住新机遇来提升竞争优势。政府在影响国家竞争优势方面，主要作用于四个决定因素。政府可以通过提供经济补贴、介入资本市场、调整教育政策等手段，通过确定地方产品标准和制定规则影响买方的需求。政府可以通过多种途径来影响相关产业和支持性产业的环境，从而对企业的竞争策略、结构和竞争状况产生影响。因此，政府的作用非常重要。

根据波特的观点，一个国家竞争优势的增强直接关系其经济地位的提高。国家竞争优势在发展过程中经历了四个不同的阶段：第一个阶段是要素推动阶段。在这个阶段，基本要素的优势是竞争优势的主要来源。第二个阶段是投资推动阶段。资本要素是获得竞争优势的主要来源。通过持续的资金投入，企业可以扩大生产规模、更新设备、提升技术水平，从而提高竞争力。第三个阶段是推进创新阶段。这个阶段的竞争优势源自于创新能力。在这一

阶段里，企业已经具备了多种条件，其人员培训效果非常显著，同时还能够很好地吸收和消化引进的技术，以此进行研究、生产和开发工作。此外，他们还具有强烈的创新意识和很强的创新能力。因此，他们通过将高科技成果转化为商品的努力，提高经济适应性，从而持续获得竞争优势。第四个阶段是财富推动阶段。在这一阶段的国家主要是利用过去积累的物质和精神财富来维持经济的运行，由此产生依赖老本的模式，这一阶段的国家往往缺乏创新的勇气和能力，处于失去竞争优势的危险之中。

波特在对国家竞争力发展的各个阶段进行了分析之后，又从德国、美国、意大利、日本等几个国家的经济发展情况出发，对该理论进行了经验性解释。在他看来，当前日本的经济还处在一个革新时期，具有很大的发展潜力；同时，美国经济正处在一个财富驱动的时期，美国的很多行业都在走下坡路，市场上的竞争也很少，经济也没有什么增长的势头。

波特的国家竞争优势理论填补了其他国际贸易理论的空缺，成功解决了理论界长期困扰的几个问题。据波特所言，若一国在生产要素方面具有比较优势，则该国可从中得到国际竞争优势，但若要获得长期的比较利益，该国必须先确立国际竞争优势。国际贸易理论的核心应是基于国际竞争优势之上。国际竞争优势理论的意义不仅在于它能总结当下世界经济和贸易格局的情况，同时它也能提供一定的前瞻性预测，以探究国家未来贸易地位的变化。

6. 战略贸易理论

战略贸易理论是由保罗·克鲁格曼（P.R Krugman）等提出来的。

克鲁格曼于 1984 年在《美国经济学评论》上发表了一篇题为《工业国家间贸易新理论》的论文。在这篇论文中，克鲁格曼的观点是传统的国际贸易理论不能解释全部的国际贸易现象，同时也无法解释工业制成品贸易，这是因为传统的国际贸易理论是在完全竞争市场结构的分析框架基础上建立的，基于此，人们需要提出应对国际贸易理论的分析框架进行更新的主张。1985 年，克鲁格曼与赫尔普曼（E.Helpman）合著的《市场结构和对外贸易》

一书通过垄断竞争理论，系统地分析和阐释了产业内贸易问题，并建立了不完全竞争贸易理论模型，该模型以规模经济和产品差异化为基础，被国际经济学界称为新贸易理论（战略贸易理论）。该理论认为，在不完全竞争的现实社会中，要想在规模收益不断递增的情况下在国际市场上获得竞争力，必须先通过扩大生产规模来实现规模效益。只凭企业自身的积累，往往很难实现生产规模的扩大，特别是对于经济不发达的国家而言，这一点更为明显。政府可以通过保护和支持那些具有广阔发展前景和外部效应大的产业来改变这一现象，这样这些产业就能够快速扩大生产规模，降低生产成本，展现贸易优势，并且提高自身的竞争力。

事实上，最早体现战略贸易理念的是布朗德（J.ABrander）和斯潘塞（B.J.Spencer）的补贴促进出口观点。他们的观点是，传统贸易理论建立在完全竞争的市场结构的基础上，因此他们主张自由贸易是最佳的政策选择。然而实际情况表明，不完全竞争和规模经济普遍存在，市场结构常常呈现出寡头垄断的特点。在这种情况下，政府提供补贴政策对于一个国家的产业和贸易发展具有关键性的战略意义。在寡头垄断市场结构中，产品的最初价格通常高于边际成本。政府为本国厂商提供生产并出口该产品所需的补贴，可以使本国厂商实现规模经济并降低产品成本，使本国厂商获得更多的市场份额并掌控更多的利润。

克鲁格曼的核心观点是，实行进口限制措施可以促进出口，这一想法进一步深化和发展了战略贸易的思想。根据克鲁格曼的观点，在出现寡头垄断市场和规模收益递增的情况下，国内市场保护政策对于本国出口的促进是有益的。因为实施进口保护措施，本国厂商能够获得比其国外竞争对手更大的规模经济优势，通过这种规模经济优势可以降低边际成本，从而提高本国厂商在国内市场和国际市场上的竞争力，最终达到促进出口的目的。换句话说，在不完全竞争的条件下，只要规模利益递增，那么保护政策可以让企业利用国内市场进行扩大生产规模，从而不断降低生产的边际成本。同时随着销售经验的积累，销售成本会随着学习曲线的逐渐下降而减少，这将有助于降低

产品的总成本。如果本国厂商在边际成本竞争方面具有优势，他们就可以顺利地扩大国外市场份额，这样便能够促进出口。

根据克鲁格曼的观点，某一国针对那些外部性强的产业提供战略性支持，不仅可以推动这些产业的发展，并使其在国内外市场上成功扩张，还有助于该国获得该产业因得到战略性支持而带来的迅速增长所产生的外部经济效益。在这里所说的外部经济效益，是指某个产业的经济行为对其他产业乃至整个经济发展产生的正面影响。通常情况下，新兴的高科技产业都会带来明显的外部经济效益。这些产业所创造的知识和新技术、新产品，将对整个社会的技术水平和经济发展起到积极的促进作用。这些产业的企业会从投资于知识生产中获得收益，但并非全部收益，因为知识外溢往往具有无偿性。因此，为了激发企业创新的热情，促进企业开展知识开发活动，并扩大知识外溢所带来的经济效益，政府应采取补贴和扶持措施。可以说，战略贸易理论的主旨在于提倡政府的干预措施，以促进战略性产业的繁荣发展。这种方法在面对不完全竞争和规模经济的情况下，是实现资源优化配置的最佳选择。尽管上述的战略贸易理论和李斯特的幼稚工业保护理论有相似之处，但它们之间又存在着本质的区别：一种是在几家大型公司垄断市场的情况下提倡的贸易保护观点；另一种是基于在自由竞争的基础上进行贸易保护。战略贸易理论的目的是保护那些拥有规模收益递增特点的战略性产业，且这些产业与幼稚工业有显著的不同之处。

四、以习近平新时代中国特色社会主义思想指导中国对外贸易的可持续发展

习近平总书记认为经济全球化是历史潮流。所有国家都应坚持以人为本的理念，以开放的心态和举措，共同推动全球市场的发展，做好全球共享机制，活跃全球合作方式，共同促进经济全球化发展。以下是习近平主席的几项主张。

首先，要构建一个开放、合作的全球经济。在面对冲突时，通过协商合作来解决问题是正确的方式。只要彼此尊重、相互体谅，便能够解决任何困

难。坚持以开放的心态追求发展，要共同努力、相互配合，坚定反对保护主义和单边主义。

其次，要合作建设开放的、注重创新的世界经济。各国应该加强合作，促进科技和经济的深度融合，共享创新成果，推动企业自主开展技术交流合作，相互交流创新思维。还应该一起努力加强知识产权保护，防止知识的封锁和技术鸿沟的扩大。

最后，要致力于建设具有开放共享特性的全球经济。全球各国应该联手维护基于联合国宪章宗旨和原则的国际秩序，并坚定支持多边贸易体制的核心价值和基本原则，鼓励自由化和便利化的贸易与投资。应该加大援助最不发达国家的力度，确保发展成果能够惠及更多的国家和人民。随着时代进步，中国对外开放的程度会不断扩大。

我们将坚持以开放促改革、促发展、促创新，持续推进更高水平的对外开放。

第一，持续推进市场的开放。中国有着庞大的中等收入群体，这意味着市场规模有着巨大的发展潜力。中国将致力于推动国内市场发展，加强对进口的重视，进一步降低关税和制度性成本，发展多个进口贸易创新示范区，对不同国家高品质产品和服务要扩大进口规模。

第二，要不断改进我们的开放格局。中国将继续支持自由贸易区进行积极探索和大胆尝试，加快推进海南自由贸易港建设。另外，中国还将制定加强黄河流域的生态保护和高质量发展的国家战略，以增强开放联动效应，并继续推进京津冀协同发展、长江经济带发展、长三角区域一体化发展和粤港澳大湾区建设。

第三，进一步改善商业环境。中国将持续针对制约经济发展的突出问题，在关键领域和重要环节推进改革进程，以现代化的国家治理体系和能力为高水平开放和高质量发展提供制度上的保障。同时将继续优化营商环境，使其实现市场化、法治化、国际化，放宽外资市场的准入条件，进一步精简负面清单，优化投资促进和保护、信息报告等方面的制度，并完善知识产权保护体系。

第四，进一步加强多边和双边合作。中国赞成对世界贸易组织进行必要的改革，以提升多边贸易体系的权威性和效力。期望区域全面经济伙伴关系协定可以尽快签署并实施。中国希望与更多的国家达成高标准自由贸易协定，推进中欧投资协定、中日韩自由贸易协定、中国—海合会自由贸易协定的谈判进程。中国将积极加入联合国、亚太经济合作组织、二十国集团、金砖五国等合作机制，促进经济全球化不断向前推进。

第五，持续推进共同建设"一带一路"。中国将坚持与各国一同协商、共同建设、共享收益的原则，并坚持开放、绿色廉洁思想，致力于实现高标准、造福百姓、可持续发展的目标，从而推动"一带一路"高品质发展。中国将持续贯彻新发展理念，并继续实施以创新为驱动的发展战略，专注于培育和增强新的发展动力，积极促进产业方式的转型，优化经济结构，并实现经济高质量的发展。这有助于为全球经济带来新的发展机遇，同时也有助于为各国提供更多的发展机遇，实现共同发展，不断为构建人类命运共同体和推动开放型世界经济作出重要贡献。

第二章　经济增长的概论

经济增长是任何国家或地区经济发展的基础，占据着十分重要的地位。本章主要介绍经济增长的概论，讲述了经济增长的含义、经济增长的理论和经济增长的类型三个方面。

第一节　经济增长的含义

经济增长指的是在相当长的时间内，经济体所生产的物质产品和劳务不断增加的情况。通常，经济增长理论研究的经济体是一个国家，要想对一个国家的经济增长的指标进行衡量，就需要采用国民生产总值（GNP）或国内生产总值（GDP）。

有些经济学家认为，国内生产总值增长并不能完全反映一个国家社会生活水平的提高，因此，应该将人均实际收入增长看作衡量经济增长的关键指标。尽管总产出和人均产出之间存在密切关联，但随着现代人口不断增长且逐渐趋于平稳，总产出和人均产出的增高程度也逐渐趋于一致。

为现代经济增长理论研究做了较大贡献的经济学家库兹涅茨（S.Kuznents）对经济增长的含义做了更为具体的描述："经济增长是为人们提供各种经济物品的能力的长期增长，这一能力的不断增长是由于技术进步以及体制和观念的相应调整。"[①]这一定义强调了技术进步和制度创新才是经

---

① 库兹涅茨. 现代经济增长：发现和反思 [J]. 美国经济评论，1973（63）：247-258.

济增长的主要因素。虽然要素投入的增加也是经济增长的主要因素，但要素投入的增加是有一定限度的。研究发达国家的经济增长时，我们应以长期和可持续性的角度为出发点，这是因为各种生产要素都已经被充分利用，也不可能再出现要素投入增加的情况。此外，要素投入的周期性增减往往与经济周期相关，经济繁荣时的总产出增量往往是通过充分利用衰退期的闲置要素所实现的。但该增量是短暂的，无法在长期内维持，所以不能被视为经济增长。与此相比，在发展中国家进入工业化阶段的相当长一段时间里，增加要素投入一直是推动经济增长的主要因素。只有当经济增长从依靠要素投入增加为特征的粗放型模式转变为以技术进步为特征的集约型模式时，才能实现持续经济增长。此时，技术进步和制度创新才成为经济持续增长的主要决定因素。

因此，在探究发展中国家经济增长问题时，我们应将通过利用闲置资源增加要素投入所产生的总产出增长，看作一种经济增长并进行深入分析。根据刘易斯的"二元经济"理论，工业化初期的发展中国家在农业领域存在大量未被利用的劳动力，而这一时期的经济增长以工业部门利用农业部门的闲置劳动力为特征。

需要注意的是，人们容易混淆经济增长和经济发展这两者的概念。经济发展要比经济增长有着更为丰富的内涵。经济发展指的是产出的增加，且这种产出的增加会带来经济结构的变化或整个社会的进步。而经济增长单纯指产出的增加。由此可见，经济增长与经济发展是两个不同的概念，这两者之间既有区别，又有紧密的联系。

第二节　经济增长的理论

一、古典经济增长理论

经济学家一直对经济增长这个重要经济课题十分重视。经济增长问题一直是经济系统研究的重要组成部分，自古典经济学问世以来就是如此。古典

经济学家的研究方法更注重把握事物的整体。他们在研究经济问题时，不仅聚焦于经济方面，更是致力于全面了解与之相关的各种因素，涵盖了社会、自然和心理等多个因素，这一特点也在古典经济增长理论中得到了体现。与现代经济增长理论相比，古典经济增长理论考虑的因素较为复杂，因此分析方法也较多采用定性分析，很少采用定量分析。

亚当·斯密是古典经济学的先驱，他在《国富论》（1776）中探讨了经济增长的问题。他认为人们自发地追求自身利益行为是经济系统能够正常运转、实现进一步增长的必然结果。若政府能够制定全面的市场机制和相关的法规，那么个人追求利益的正当动机将自然变成推进经济增长的主动力。人们会尽力提高生产率以满足自身的利益，这有助于促进经济增长。斯密认为，劳动分工是提高生产率的关键因素之一，而资本积累是劳动分工深化的决定因素。为了获得更多的个人利益，人们会有意识地将部分消费能力转换为投资，以增加资本积累，而资本积累又进一步促进了劳动分工，不仅提高了生产率，还增加了总产出。随着总产出的不断增加，资本积累不断扩大，消费能力也得到了提高，这也促进了人口增加，促使经济规模持续扩大，不断加深劳动分工，进而形成了经济可持续增长的有益循环。斯密还提出了"绝对利益"理论，分析了国际贸易引进的国际分工对提高各国的生产率有重要作用。此外，他还探讨了对外贸易对于促进经济增长的作用，提出了"剩余产品的出路"（Vent for Surplus）的学说。

李嘉图在斯密关于劳动分工和资本积累的理论基础上，进一步深入地探究了经济增长问题。他的经济增长理论建立在马尔萨斯的人口法则和要素报酬递减规律的基础上，推论出在固定数量的土地上经济发展将趋于长期稳定的状态。

总的来说，现代经济增长理论建立的重要基础源于古典经济增长理论，后者为前者提供了一些基础概念。其中包括报酬递减规律及其与物质资本和人力资本积累的关系、竞争行为和动态均衡概念、人口增长率与人均收入的相互作用以及国际贸易促进经济增长等有关论述。

二、现代经济增长理论

现代经济增长理论是一种强调长期增长动态的经济理论，旨在解释为什么一些国家或地区的经济增长速度比其他国家快，并试图找出推动经济增长的关键因素。以下是对这个理论做出的一些基本解释。

（一）索洛模型（Solow Model）

罗伯特·索洛在 1956 年提出的增长模型为现代增长理论的基础。该模型假设经济增长主要取决于三个因素：劳动力增长、资本积累和全要素生产率（主要反映技术进步）。索洛模型强调，在长期来看，持续的技术进步是推动经济增长的主要驱动力。

（二）内生增长模型（Endogenous Growth Model）

20 世纪八九十年代，罗默（Romer）和卢卡斯（Lucas）等人发展了内生增长模型。与索洛模型不同，内生增长模型强调技术进步和人力资本积累等因素是由经济体系内部决定的，而非外生的。此外，内生增长模型还强调知识的非竞争性和规模收益递增会对经济增长产生影响。

（三）新经济增长理论（New Growth Theory）

近年来，新经济增长理论开始关注创新、机构和政策对经济增长的影响。这些理论强调通过推动研发创新，改善经济和政治制度，实施有利于增长的政策，可以促进经济增长。

现代经济增长理论的一个重要贡献是强调了技术进步、人力资本积累和创新在经济增长中的重要作用。

然而，这些理论的一个挑战是如何将这些理论应用到实际的政策制定中，以推动真正的经济增长。例如，政策制定者需要考虑如何促进研发创新、如何提高教育和培训水平、如何解决经济和政治制度等问题。

第三节　经济增长的类型

经济增长可以按不同的标准进行分类。以下是一些常见的经济增长的分类方法。

一、按经济增长的速度分类

按经济增长的速度，可以将经济增长分为快速增长、稳定增长和低速增长。经济增长的速度常常根据特定国家或地区的实际情况以及具体的经济环境来进行衡量，而没有明确的速度阈值作为严格的定义。一般来说，我们可以根据经济增长率的相对大小来初步判断其增长的速度。

（1）快速增长。如果一个国家或地区的年均经济增长率明显高于全球平均水平，或者远高于其历史平均水平，那么我们可以认为这个国家或地区的经济在快速增长。例如，一些新兴市场和发展中国家在过去几十年的快速工业化和城市化进程中，其经济增长率常常可以达到两位数。

（2）稳定增长。稳定增长通常指的是一个国家或地区的经济增长率在一个相对稳定的范围内波动，而且这个范围通常是积极的，即经济总体上是在增长的。稳定增长通常可反映出经济体系的健康和稳定。一些发达国家，如美国和德国，由于其经济体系的成熟和稳定，通常可以实现稳定的经济增长。

（3）低速增长。如果一个国家或地区的经济增长率明显低于全球平均水平，或者远低于其历史平均水平，那么我们可以认为这个国家或地区的经济在低速增长。低速增长可能由各种因素引起，如经济结构问题、人口老龄化、产能过剩等。另外，发展中国家通常经历快速增长阶段，而已经工业化的国家增长速度可能会放缓。

二、按经济增长的源泉分类

按经济增长的源泉，我们可以将经济增长分为投资驱动型增长、消费驱

动型增长、出口驱动型增长和创新驱动型增长等。

（1）投资驱动型增长。这是一种通过增加资本投入（包括物质资本，如设备和基础设施，也包括非物质资本，如教育和技能）来推动经济增长的方式。对于许多发展中国家来说，投资驱动型增长常常是实现工业化和现代化的重要手段。

（2）消费驱动型增长。这是一种通过增加消费需求来推动经济增长的方式。在消费驱动的经济中，个人消费和服务业往往是经济活动的主要部分。许多发达国家，尤其是那些服务业占比较大的国家，其经济增长往往是消费驱动的。

（3）出口驱动型增长。这是一种通过增加对外贸易，尤其是出口，来推动经济增长的方式。出口驱动型增长常常适用于那些有竞争优势的产业，并能利用全球市场的国家。一些小而开放的经济体，如新加坡和荷兰，以及一些拥有大量廉价劳动力的发展中国家，如印度，其经济增长往往是出口驱动的。

（4）创新驱动型增长。这是一种通过技术创新和知识创新来推动经济增长的方式。在创新驱动的经济中，研发投入、新产品和服务的创造，以及知识和技术的传播与应用，是推动经济增长的主要动力。许多高科技和创新密集型的经济体，如硅谷和以色列，其经济增长往往是创新驱动的。

这些驱动方式并不是互斥的，实际上，许多国家和地区的经济增长同时受到多种驱动方式的影响。

三、按经济增长的模式分类

按经济增长的模式，我们可以将经济增长分为内生增长和外生增长。在经济学中，"内生""外生"是描述变量来源和变化的常用术语。这些术语对于描述和理解经济增长的来源与机制特别重要。

（1）内生增长。内生增长模型是一类经济模型，它假设经济增长的关键驱动力（如技术进步或知识产出）是经济系统内部因素产生的。这意味着这些驱动力可以通过改变政策或其他内部条件来产生影响。内生增长模型强调人力资本、创新和知识积累等因素在经济增长中的作用，这些因素都是经济

体系内部可以调控的。

（2）外生增长。外生增长模型则假设经济增长的关键驱动力（如技术进步）是由经济系统外部因素决定的，这意味着这些驱动力是固定的，或者说是独立于当前经济体系的。罗伯特·索洛的增长模型就是一种典型的外生增长模型，它将技术进步视为一个外生的、不受模型内部其他因素影响的变量。

需要注意的是，内生增长和外生增长并不是描述实际经济增长的完整或唯一方式，而是用来帮助我们理解和模拟经济增长过程的理论模型。

四、按经济增长的质量分类

按经济增长的质量，我们可以将经济增长分为高质量增长和低质量增长。

（1）高质量增长。高质量的经济增长不仅关注增长的速度，更关注增长的可持续性、包容性和对环境的影响。在高质量增长中，经济活动能提高生活质量，提供稳定的就业机会，减少贫困，促进社会公平，并且可在不损害环境或者耗尽未来世代资源的情况下实现增长。

（2）低质量增长。与高质量增长相反，低质量增长通常只关注增长速度，而忽视了增长的负面影响。例如，如果经济增长主要依赖于资源的开采和消耗，那么这可能会导致环境破坏、资源耗尽，并且不能持续。同样，如果经济增长主要依赖于廉价劳动力的剥削，那么这可能会加剧社会不平等，造成社会不稳定。这些情况都可以被视为低质量增长。

需要注意的是，这些定义并不是绝对的，实际上，经济增长的质量是一个连续的谱。任何一个国家或地区的经济增长都可能包含有高质量增长和低质量增长的成分。但是，从长期来看，高质量增长无疑是更可取和更可持续的。

第三章 对外贸易与经济增长的关系

本章的主要内容为对外贸易与经济增长的关系，分为三个方面，依次是对外贸易与经济增长关系的研究、对外贸易价格与经济效益、提高对外贸易经济效益的有效措施。

第一节 对外贸易与经济增长关系的研究

一、对外贸易与经济增长关系研究的重要性

对外贸易与经济增长的关系一直是经济学和政策制定者非常关注的议题。不同的理论和实践经验都在强调其重要性。尽管复杂性和相关因素的影响使得这种关系并不是唯一确定的，但总体来说，研究对外贸易与经济增长的关系，对于我们理解和推动经济发展具有重要价值。对外贸易与经济增长的关系主要体现在以下几个方面。

（一）政策制定的指导

对外贸易与经济增长的关系研究对政策制定具有重要的指导价值。当政府决定如何制定贸易政策、开放或保护本国市场，这些决定都取决于政府对这种关系的理解。如果对外贸易能够带动经济增长，那么政府可能会倾向于

制定更加开放的贸易政策。反之，如果对外贸易对国内经济有潜在的负面影响，政府可能会考虑采取一些保护主义的政策。

（二）经济发展规划

对外贸易与经济增长的关系研究可以为经济发展规划提供重要的参考。一些发展中国家可能会通过对外贸易引入外资和技术，促进本国的经济发展。而对于一些发达国家，对外贸易可以帮助其开拓新的市场，保持经济的稳定增长。

（三）国际关系的理解

对外贸易是国际关系的重要组成部分，对外贸易与经济增长的关系研究可以帮助我们更好地理解国际关系的经济基础。例如，贸易摩擦、关税协定等问题的理解都离不开这种关系的研究。

（四）社会影响的预测

对外贸易与经济增长的关系研究对于预测和理解社会影响也有重要的作用。对外贸易的变化会对就业、生活水平等方面产生影响，理解这种关系可以帮助我们更好地预测和应对这些影响。

总的来说，对外贸易与经济增长的关系研究涉及政策制定、经济规划、国际关系和社会影响等多个重要领域，对于我们理解和推动经济发展有着重要的价值。

二、不同理论下对外贸易与经济增长的关系

根据不同的研究理论和实践经验，我们可以从以下几个不同的角度来看待这两者的关系。

（1）经济扩展理论。这是最早的看法，它认为对外贸易可以帮助一个国家扩大其市场规模，并通过规模经济降低平均成本，提高生产效率，从而带动经济增长。

（2）比较优势理论。这个理论源自古典经济学，它认为不同的国家有不同的资源禀赋，通过对外贸易可以实现资源的最优配置，从而提高全球经济的总效率，推动各国经济的增长。

（3）技术进步理论。这个理论认为对外贸易不仅可以实现资源的交换，还可以带动技术的传播和学习。通过对外贸易，发展中国家可以引进发达国家的先进技术，提高其自身的生产效率，从而推动经济增长。

（4）竞争性理论。这个理论认为对外贸易会引入外来竞争，使得本国企业不得不提高生产效率，创新技术，以应对竞争压力，这也能推动经济的增长。

以上都是理论上的解释。在实际经验中，不同的国家和地区对外贸易和经济增长的关系也有所不同。一般来说，对外开放程度较高的国家和地区，经济增长速度往往较快。但这并不意味着对外贸易就是经济增长的唯一动力，还需要考虑到其他因素，如政策环境、人力资本、技术创新等。

因此，要全面理解对外贸易和经济增长的关系，需要综合考虑理论研究和实证分析，以及考虑各种可能的因素。

第二节　对外贸易价格与经济效益

对外贸易价格问题是我国对外经济贸易工作的核心问题，它不仅关系我国对外贸易的经济效益，而且对我国的工农业生产的发展、企业的技术改造、产业结构的调整，以及市场的供求状况等都有深刻的影响。在开放经济的条件下，对外贸易作为一种重要手段，对于促进工业化和国民经济发展发挥着重要的作用。因此，可以这样表述：对外贸易活动的主要目标是对外贸易的经济效益，只有实现高水平的经济效益，才能保证国民经济能够得到最大程度的进步和发展。

一、国内与国外市场中进出口商品的价格

进出口商品价格是指进出口商品的国内外价格，也称为对外贸易价格。

就一国而言，进出口商品价格包括进口商品的国外价格及国内价格和出口商品的国内价格及国外价格。对外贸易是联结国内经济和国外经济的重要桥梁。进出口商品价格是对外贸易中联结国内外两个不同市场价格的重要纽带。因此，要想进一步深入研究进出口商品价格，就必须对国内外市场价格的区别和联系有一定的了解。

（一）国内与国外市场价格的差异

1. 国内与国外商品的价值形成基础差异

商品价格的基础是价值。我们说商品要按照价值进行交换，就是按照社会必要劳动时间进行交换。社会必要劳动时间，指的是在现有社会标准的生产条件下，用社会平均的劳动熟练程度和强度生产某种使用价值所需要的劳动时间。一个国家商品的价格就是这个国家商品价值的货币表现，价格的基础是价值。在国际贸易中，商品的价值是由世界必要劳动时间决定的。世界必要劳动时间是商品价格形成的客观基础。马克思指出："在以各个国家作为组成部分的世界市场上，情形就不同了。国家不同，劳动的强度就不同：有的国家高些，有的国家低些。于是各国的平均数形成一个阶梯，它的计量单位是世界劳动的平均单位。"[①]这个计量单位，正如恩格斯所指出的，是谁也无法计算和确定的。只能通过千百万次交易，通过竞争，"社会必要劳动时间决定商品价值这一点才能成为现实"[②]。

2. 国内与国外商品价格的构成差异

国内贸易中的商品和国际贸易中的商品，由于其流通的范围大小不同和流通的环节多少不同，国内外商品价格构成也不尽相同。在通常情况下，国内的商品价格是由生产成本、利润、产品税或增值税以及国内流通费用、流通税等因素构成的。在国际贸易中，商品的价格构成相对较为复杂，既要包

---

① 马克思. 资本论：第 1 卷（下）[M]. 中共中央马克思恩格斯列宁斯大林著作编译局，译. 北京：人民出版社，1975.

② 马克思，恩格斯. 马克思恩格斯全集：第 21 卷 [M]. 中共中央马克思恩格斯列宁斯大林著作编译局，译. 北京：人民出版社，2003.

含国内的商品价格构成因素，国际贸易中的其他因素也包含在内。如国家间的运费、包装费、仓储费、保险费、商检费、关税、银行财务管理费、对外贸易企业代理手续费、中间商的佣金、港务费、各项杂费等，其中，税金、运费、佣金所占比重较大。

3. 国内与国外商品的价格体系差异

在商品经济条件下，从全国角度考察，国民经济各部门和各经济成分之间进行商品交换和提供劳务，必须采取等价交换的原则，这客观上形成了各种不同的商品价格和劳务收费。这些商品价格和劳务收费，在我国有些是按价格管理形式划分的，有些是按国民经济各部门分工划分的，有些是按流通环节划分的，它们之间既存在着一种相互联系的关系，也存在着一种相互制约的关系，彼此之间并不是孤立存在的。这些商品价格的相互联系、相互制约的关系，形成了一个完整的、统一的商品价格体系。因此，价格体系就是在整个国民经济的运行中各种商品价格网络及其相互关系的总和，它体现着各种价格之间及价格构成各因素之间的内在有机联系。

我国的价格体系由按价格管理采取的形式所形成的价格体系、按国民经济各部门分工形成的比价体系和按商品流通环节形成的差价体系构成。

以下是其具体内容。

其一，以价格管理形式进行分类，包括两种：计划价格、非计划价格。

其二，以国民经济各部门分工进行划分，包括五种：农产品价格、工业品价格、交通运输价格、商业价格、劳务收费。

其三：以商品流通环节进行分类，包括六种：农产品收购价格、工业品出厂价格、商业调拨价格、批发价格、供应价格、零售价格。

这些不同环节的价格之间以及同种商品在不同地区、不同季节、不同规格、不同质量之间存在着差价关系，形成了差价体系。我国于 1979 年开始的价格改革，就是要改革体系中不尽合理的各种商品比价、质量差价、地区差价和季节差价，从而使价格能够更好地反映国别价值和国内商品供求，最终形成一套符合社会主义市场经济体制的具有纵横有机联系的统一的国民经济价格体系。经过十几年的价格改革，我国高度集中的价格管理体制发生

了根本转变。通过缩小政府直接定价的范围、扩大政府指导价和市场调节价的范围，市场机制在价格形成中已经起到主导作用。到 1992 年，我国市场调节价商品零售额在社会商品零售总额与在生产资料销售总额中已经占据很大的比重，但与建立社会主义市场经济新体制的要求相比，价格方面还存在一定的差距。

（二）国内与国外市场价格的联系

国内外市场价格不仅有区别，而且也有联系。两种价格之间的联系及联系密切的程度取决于下列因素。

（1）一个国家生产率与国际平均生产率水平的差异，或者说一个国家国内平均生产费用与国际平均生产费用的差别。当其国内价值和国际价值存在着显著差别时，则其价格差异也相对较大。相反，如果国内价值和国际价值的差别不大，那么价格差别也不会太大。

（2）一个国家的国民经济参与和运用国际分工的程度，反映了其对外开放的水平。一个国家执行对外开放的政策，将会增进其国内外市场间的价格联系。当一个国家更积极地参与和利用国际分工时，这个国家的进出口额占本国工农业总产值的比例就会增加。在这种情况下，两种价格之间的联系就更加紧密了。

（3）两个国家国内市场供求变动与国际市场是否一致。当两者变动的趋势越接近时，它们的价格变动也就越相像，这也意味着两种价格之间的关联性就越高。

（4）一个国家国内外两个市场商品自由流动障碍的大小。当障碍的数量越少时，这个国家国内外两个市场价格的关联就越紧密。

（5）国内外经济机制的差别。假若一个国家实行的市场经济和国际市场中的市场经济是相适应、相协调的，那么这种经济机制的一致性将为国内外市场价格的相互联系提供客观条件。如果一个国家实行计划经济机制，或者正处在计划经济机制转向市场经济机制的过程中，那么该国国内外两种市场价格或者是隔断的，或者是部分价格挂钩、部分价格隔断。

（三）妥当处理国内与国外市场价格关系的作用

第一，有利于充分发挥价值规律在国内外市场中的调节作用。在对外贸易中，采取符合客观经济规律的正确处理国内外市场价格的办法，就会使价值规律既能反映国际价值，也能反映国别价值，既能反映国外供求，也能反映国内供求，就不会制断价值规律调节国内外生产、流通的作用；就会使国内生产、流通企业根据价值规律的调节，安排生产、贸易；就会使国内企业直接参与国际竞争，了解国际市场的需求，生产出适销对路的产品；还可以随国际市场供求的变化而更新换代，提高国家出口商品的竞争能力。

第二，有利于促进国内经济的发展，带动国内劳动生产率水平的提高。在正确处理国内外市场价格关系的政策时，国内外市场相互接轨，国内外市场价格的联系比较密切，有利于企业借助价格这个杠杆主动改善经营管理，降低成本，讲求经济效益；吸收先进技术和关键设备，挖掘潜力，提高劳动生产率，促进产品结构和产业结构优化，带动整个国民经济的发展。

第三，有利于减少政府对进出口商品价格的财政补贴。在我国对外开放以前，在高度集中的计划经济体制下，为了维护国内市场的稳定，防止资本主义经济危机的冲击和影响，我国对外贸易价格一直采取国内外市场价格制断的政策。制断指的是对于出口商品的收购，统一遵循国内价格；进口商品的内销，原则上按国内价格作价；出口商品的外销和进口商品的购进，均根据国际市场价格水平作价。在进出口商品国内外价格脱钩的情况下，进出口商品国内价格随国内市场价格长期基本不变，而国际市场价格总的趋势是上涨的。这样，我国进出口商品国内外价格的差距越来越大，国家对价差补贴的支出也越来越多，从而严重地影响了国家资金的使用和积累。改革开放以后，我国逐渐扩大了进出口商品国内外市场价格的联系，逐渐减少了国家对进出口商品价格的财政补贴。这样既减轻了国家的财政负担，也符合国际贸易通行规则。

第四，有利于经济效益的提高。处理好国内外市场价格关系，有利于企业对进出口商品进行正确的成本核算，提高企业对外贸易经济效益；有利于国内外资金的合理流动，提高资金的使用效率；有利于合理利用国内外两种资源，提高资源的利用率。

还应当指出，国内外市场价格直接挂钩，全面联系，也会产生下述问题：本国经济容易受国际经济波动的影响，特别是发生世界性经济危机和通货膨胀时，本国经济很难避免。因此，我们更需要正确处理好国内外市场价格的联系。

二、进出口商品的作价原则

（一）进出口商品对外作价原则

1. 我国出口商品对外作价原则

出口商品对外作价工作，直接关系贸易双方的经济利益，能够影响交易的成败和对外贸易的发展。因此，要制定合理的出口商品价格，应综合考虑以下各因素的影响，结合实际情况，使出口商品既卖得适当价钱，换取较多外汇，又卖出一定数量。

（1）按国际市场价格水平作价

按国际市场价格水平作价，主要是参照以输出国为中心的集散地销售价格、以进口国为中心的商品集散地销售价格、以输往国或地区的当地市场价格水平作价。

按国际市场价格水平给出口商品作价，必须掌握好出口商品价格，并进行充分的市场调研，了解国际商品市场价格变化所蕴含的规律特点。要对国际市场行情和国际市场的价格趋势进行深入细致的调查研究，以便从国际市场上错综复杂的现象中把握国际价格运动的内在规律，做到根据国际市场价格水平，参照国际市场供求关系，该涨就涨，该落就落，该稳就稳，使出口商品卖得适当价钱。

（2）符合国别地区政策

在我国，外交工作和对外贸易工作之间存在着密切的联系。因此，要配合外交活动，在改革开放总方针指引下，实行全方位协调发展的国别（地区）政策，要对不同国家或地区采取与我国贸易政策相适应的作价原则。如为了发展同发展中国家的友好关系，根据平等互利的原则，我国要在有进有出的基础上扩大同它们的贸易往来。在制订向这些国家出口商品的价格方案时，可适当灵活一些。若出于政治和外交上的需要，也可略低于国际市场价格水平作价。又如对西方工业发达国家，我们坚持在平等互利的基础上全面发展同各国的贸易往来和多方合作，特别是重点加强同那些贸易条件较为优惠、市场比较开放、技术转让比较积极的国家的贸易关系，按国际市场价格水平作价。但对某些国家对华贸易政策的歧视性规定和限制，我们应配合我国对外贸易的国别（地区）政策，在价格上进行适当的斗争。当然，这是一项政策性很强的工作，必须在我国对外贸易国别（地区）政策的具体指导下，有计划地实行。

（3）要体现销售意图

① 对具有独特风格、稀少、珍贵的工艺品，如玉器、古玩、古字画等，可根据工艺水平、艺术价值和国际市场需求等情况，结合我国销售意图和买方心理争取卖高价。但要注意研究市场容量，要本着"物以稀为贵"的原则，控制销售量，做到细水长流、多收外汇，以免物滥价跌，影响商品声誉和出口。

② 对于同时具备使用价值和艺术价值的商品，应当依据艺术价值，结合销售意图进行作价。

③ 对于我国独有的珍贵土特产品、中药材、食品以及在国际市场上具备一定优势的商品，可以以国际价格水平为参考，在销路打开以后，适当采用高价格进行销售。但需要注意的是，定价要得当，不可过高，以免刺激其他国家或竞争对手增加生产或搞代用品与我国竞争，使我国出口商品处于不利地位。

④ 对于一部分的名牌消费品，在获得对我们有利的价格后，应当采取

稳价多销的方式，既不随意让价格上涨，也不随意让价格下降，更不要频繁地对价格进行更改。

⑤ 对于库存现货，应当能够权衡利弊。关于合理推销价格的确定，应当根据实际情况。

⑥ 对于库存滞销积压商品，可以按照实际情况制定相对较低的价格，并且在收汇方式、贸易方式上给予一定优惠，目的是使销量能够提升，以便把积压在仓库里的商品变成国家急需的外汇，或对建设必要的机械、设备和原材料，以减少利息支出，节约仓容。对于其中某些确实难销的商品，应及时转内销处理。

⑦ 对某些国际市场竞销激烈的商品，为巩固和发展我国既有的销售市场，可采用竞争性价格，即在质量、包装装潢等条件相同的条件下，可略低于竞争对手的同类商品价格水平作价。若商品质量、包装装潢、交货条件好于对手，可根据情况适当以略高于竞争对手的价格水平作价。

⑧ 对于新商品以及需要打开销路的商品，可以先以略低于国际市场价格水平的价格进行销售，等销路打开以后，再对价格进行逐步提高。

2. 我国进口商品对外作价原则

出口商品作价的三项基本原则同样适用于进口商品的国外作价。因此，在确定进口商品国外价格时，要按照国际市场价格水平，体现国别（地区）政策和进口意图，结合进口工作中的一些具体情况和特点，灵活掌握运用，争取以有利的时机和有利的价格按时、按质、按量组织进口，做到既能购进一定数量和质量的进口商品，又能为国家尽可能地节省外汇支出，从而更好地为实现国家进口计划、支援"四化"建设和满足市场需要服务。

（二）进出口商品国内作价原则

1. 我国出口商品国内作价原则

出口商品的国内市场价格主要包括出口农产品收购价格、工业部门供外贸出口的工业品出厂价格、商业部门供对外贸易出口商品价格、对外贸易系统内部调拨价格、出口商品转内销价格等几种价格形式。

我国出口商品国内价格政策也经历了类似进口商品国内价格政策的变化过程。1953 年商业部和对外贸易部曾规定：出口商品国内价格原则是，以国产同类商品国家规定价格为基础作价。1960 年，商业部和对外贸易部正式下达了《内外贸之间进出口商品作价办法》，进一步明确了作价原则，"出口商品国内价格仍以国内同类商品国家规定价格为基础，并贯彻按质论价，优质优价的原则"。1965—1978 年，这一原则继续执行。1978 年以后开始实行出口代理作价，但到 1990 年，全国出口代理作价的比重仅为 10%左右。随着价格改革的推进，出口商品收购价格基本上是随行就市，由买卖双方商定。到 1992 年出口商品收购总额中的 90%已按市场价格收购。

农副产品，由对外贸易企业直接组织出口的收购价格为

对外贸易收购价＝国内收购价＋质量、包装差价

工业品收购价格则分为以下两种情况。

其一，按国内同类商品作价原则，工业企业供出口的价格水平，执行国内出厂价格。如在工厂仓库交货，出厂价格即为对外贸易进货价格；在本站码头等地交货的，以出厂价格加市内运杂费作为对外贸易进货价格。计算公式是

对外贸易进货价格＝出厂价格＝生产成本×(1＋利润率)÷(1－税率)

其二，质量、包装均不相同的出口工业品价格，则对外贸易进货价格为

对外贸易进货价格＝出厂价格＋(质量差价＋包装差价)×

(1＋利润率)÷(1－税率)

出口商品代理结算价格的计算，实际上是按销差倒推法定价，即按出口卖价扣除国外运费、保险费、佣金、对外贸易企业代理手续费、银行财务管理费和需缴纳的关税等，其余为供货企业实得卖价。

对外贸易企业与委托企业的代理价格＝(出口商品到岸价格－支付国外运费－

保险费－佣金－代理手续费－银行财务

管理费)×人民币外汇牌价－代垫国内

费用－出口税费

2. 我国进口商品国内作价原则

进口商品实行代理作价，也就是承办进口的对外贸易企业按照货物 CIF 价格，加上进口关税、国内税（产品税或增值税）、银行财务管理费和对外贸易代理手续费的计价办法，向订货部门拨交进口商品，代理价与国内同类商品的价差，由用户自负盈亏，对外贸易企业只按进口的到岸价格收取一定比例的手续费。对外贸易代理手续费率一般由对外贸易企业与订货单位根据不同进口商品的合理经营费用商定，并在书面协议或合同中明确规定。

对外贸易代理进口的商品，其盈亏由国内委托单位负责，对外贸易采用单列结算的办法，将进口成本加手续费作为交货价格。其价格构成应包括到岸价、进口关税、进口调节税、产品税或增值税、银行财务管理费、对外贸易代理手续费。

以 CIF 条件成交的进口商品价格的计算公式为

$$关税 = CIF 价格 \times 关税税率$$
$$产品税或增值税 = (CIF 价格 + 关税) \div (1 - 产品税或增值税税率) \times 产品税或增值税税率$$
$$银行财务管理费 = CIF 价格 \times 银行财务管理费率（一般为 3\% \sim 5\%）$$
$$对外贸易代理手续费 = CIF 价格 \times 代理手续费（一般为 1.5\% \sim 3\%）$$
$$进口商品代理价格 = CIF 价格 + 关税 + 产品税或增值税 + 银行财务管理费 + 对外贸易代理手续费 + 外运劳务费$$

外运劳务费是指外运公司办理进口商品国外运输的代办手续费。目前，我国 95% 以上的进口业务已实行代理作价制。进口商品的 95% 为市场价格，约 5% 为国家定价，这 5% 主要是人民生活必需的粮食及用于粮食生产的化肥等，差价由国家补贴。

三、经济效益概述

（一）经济效益的概念

在经济活动中，经济效益指的是为达到某一特定经济目的而付出的劳动

与所获得的结果的比率。简单来说，就是投入和产出之间的比率。无论是哪一种经济活动，都需要付出一定程度的劳动，才能获得相对应的劳动成果。比较和评价投入和产出，是经济效益的基本内容。具体而言，投入越少，产出越多，则经济效益就越好；而投入越多，产出却越少，则意味着经济效益越差。从本质上来说，经济效益的提高就是时间上的节省，这是社会生产力发展进步的一种表现，能够较为清晰地体现出生产力的水准。

（二）对外贸易经济效益

对外贸易经济效益指的是在一定时间范围内，投入对外贸易领域的劳动和由此获得的成果之间的比率。

就对外贸易经济效益的构成而言，包含以下两部分内容。

其一，利用好国内价值与国际价值之间的比较差异，输出具备本国优势特征的产品，输入具备本国劣势特点的产品，以达到价值增值的目的，从而有效节约社会劳动。

其二，则是将本国相对富余的产品进行输出，用它们来换取本国所缺乏的产品以及资源，从而在实物形态层面实现国民经济的综合平衡，使社会再生产的规模得到扩大，最终实现创造更多价值的目标。

因此，对外贸易经济效益，一方面以价值增值表现，另一方面通过使用价值转换表现，但两者的最终表现都是节约社会劳动和增加社会财富。

就对外贸易经济效益的层次而言，它可以被划分成两个层次：对外贸易宏观经济效益和对外贸易微观经济效益。

对外贸易宏观经济效益又称为对外贸易社会经济效益，是指通过对外商品和劳务的交换，对整个国民经济产生的经济效果。它不仅包括由对外贸易活动实现的直接的价值增值，还包括由对外贸易活动派生出的、间接的社会劳动节约，如通过引进先进技术实现的劳动生产率的提高，或通过实物形态转换实现生产要素优化配置，进而实现社会劳动节约等。

对外贸易微观经济效益又称为对外贸易企业经济效益，是指通过对外贸

易活动，对外贸易企业所取得的盈利。对外贸易企业经济效益仅考察对外贸易企业财务账面上的、以货币形式出现的盈利或亏损。

四、影响对外贸易经济效益的因素

（一）影响对外贸易宏观经济效益的因素

1. 比较优势

对外贸易经济效益是通过对外贸易活动实现的价值增值，而价值增值是通过发挥比较优势取得的，即通过出口有比较优势的商品、进口有比较劣势的商品取得的。因此，比较优势是取得对外贸易经济效益的客观基础。

在古典贸易模型中，生产的唯一投入要素是劳动，一国的比较优势就取决于一国劳动生产率水平及其与世界劳动生产率水平的差异。一国劳动生产率水平决定了该国大部分商品的社会必要劳动，进而决定了该国大部分商品的国内价值量水平。国际价值是由世界必要劳动量决定的，后者又是由世界平均劳动生产率水平决定的。

因此，国内价值和国际价值的差异主要是由一国劳动生产率水平与世界平均劳动生产率水平的差异形成的，二者差异的程度和方向决定着该国国内价值和国际价值差异的程度和方向，进而决定了该国的比较优势，决定了该国获得对外贸易经济效益的量和层次。

2. 进出口商品结构

由于经济发展的不平衡，一国国内各部门各行业的劳动生产率水平参差不齐，甚至相差悬殊，与世界同行业平均的劳动生产率水平的差异程度更不可能相同。各部门劳动生产率水平相异，每小时国内平均劳动投入到不同经济部门、行业所形成的国内价值量也就不同；各部门各行业劳动生产率水平与世界同行业平均劳动生产率水平的差异不尽相同，同一国内价值量在国际市场上得到承认的程度也就不同。因此，劳动生产率的双重差异——"内差异"和"外差异"使出口商品结构极大地影响了输出的国内价值量，以及该

国内价值量在国际市场上得到承认的程度。

另外，由于相同的原因，同一国际价值量由于其物质承担者不同，在国内市场上会被承认为不同量的国内价值，而对外贸易所实现的价值增值正是国内价值的增值。

从以上分析可以看出，价值的物质承担者——使用价值的构成，即进出口商品的结构是影响对外贸易经济效益的重要因素。此外，进出口商品结构对对外贸易宏观经济效益有着更深的影响。进出口商品结构的安排合理与否，影响着对外商品流通对再生产促进作用的发挥。

例如，理想的贸易格局应是出口长线产品、进口短线产品、缩小供给与需求的缺口，即只有符合国内供求结构差的进口才有益增加价值创造。如果进出口商品结构安排不当，出口商品集中在短线产品，会加剧国内短缺，而进口商品却集中在长线产品，虽然这种进出口商品结构可能有利于通过国内外价值差异获得价值增值，但它对国内社会再生产的顺利进行会产生不良影响，它不仅没有缓解国内产业结构对经济增长的制约，反而会加剧国内产业结构的不平衡。这种进出口商品结构下的对外贸易，其社会效益甚至为负。因此，进出口商品结构对对外贸易经济效益有着重大影响。

3. 价值机制

贸易效益实现的前提是比较优势，而价格信号准确则是比较优势能够得以实现的必要条件。其原因在于，只有在比较差异能够正确地表现为价格时，对外贸易才会据此进行，从而使比较优势转变为现实层面的贸易效益。如果价格发生了扭曲，那么通过价格差异所体现出的比较优势也会被扭曲。基于此，影响对外贸易经济效益的关键要素是价格能否准确地对商品的价值进行反映，以及价格和价值之间的偏离程度。

当一种商品的国内价格和国内价值存在很大的偏差时，其价格所代表的价值量就会极大地高出实际的价值量，而价格对于价值的扭曲又会导致该商

品的国内价值比同类别商品的国际价值高很多。这种国内价值的"高估"使实际上具有绝对优势或相对优势的商品貌似具有绝对劣势或相对劣势，使本该出口的商品成为事实的进口商品。同样道理，国内价值的"低估"也可能使本该进口的商品成为出口商品。

4. 汇率机制

对外贸易作为一个连接着国内外产品与流通的特殊经济部门，在每一次与外界的商品交换中，往往都需要两种或多种货币进行计价，这就导致了通过交换所实现的社会劳动节约或者价值增值的表现更加复杂。

通过交换实现的价值增值要得以正确表现和反映，一方面要求国内外价格都必须真实地反映商品的国别价值和国际价值；另一方面要求计价货币的"价格"，即汇率正确反映每一单位本币和外币所代表的价值量的关系，两个条件缺一不可。即使商品的国内外价格能正确反映商品的国内外价值，如果汇率不能正确反映参与交易的不同货币之间的比例关系，对外交换产生的价值增值也就得不到正确反映，反之亦然。

5. 政府宏观调控

政府在实施宏观调控政策，如产业政策、就业政策以弥补市场缺陷，追求长期发展目标时，可在一定程度上改变比较利益格局，对对外贸易经济效益产生影响。

（二）影响对外贸易微观经济效益的因素

在不存在价格、汇率扭曲的情况下，对外贸易的财务性盈亏应与比较利益所赋予的贸易经济性盈亏是一致的。此时，从事对外贸易活动的企业，从理论上讲，其经营成果必须是盈利的，否则其资本就会转移到其他有可能盈利的经济部门。但在存在价格、汇率扭曲的情况下，对外贸易财务性盈亏就可能背离经济性盈亏，即财务性盈利或亏损的表象背后，其经济性盈亏可能存在与之不一致甚至相反的状况。

第三节　提高对外贸易经济效益的有效措施

一、提高对外贸易宏观经济效益的途径

提高对外贸易社会经济效益的措施主要体现在宏观政策层面上，具体如下。

（一）调整和优化产业与进出口商品的结构

商品的国内价值与国际价值之间存在的差别，是对外贸易经济效益的一个重要来源。因此，提高对外贸易经济效益的关键是两种价值（国内价值和国际价值）的物质承担者——使用价值的构成，也就是进出口商品结构。而想要对进出口商品结构进行优化，首先要解决的就是国内产业结构的优化问题。其原因在于，进出口商品结构的物质基础是产业结构。通过对产业结构、进出口产品结构进行优化，我们可以进一步提升我国对外贸易的竞争力，有效提升我国在国际分工中的地位，从而促进我国对外贸易的进步与发展。

目前，根据我国的供给结构和国际市场需求结构，我国确定优先发展机电一体化产业，扩大这类产品出口；努力提高轻纺产业中的附加价值量，提高精细加工轻纺产品的出口比例，积极发展高技术产业，开拓技术产品出口市场，这既符合我国经济发展现状和发展方向，又符合国际贸易的发展趋势。

对于进口，根据我国经济发展水平和产业结构升级的需要，我国将进口重点放在引进先进技术和关键设备上，使科技进步对经济发展起主要推动作用，同时兼顾原料性产品及消费品的进口。

（二）制定高效的宏观调控体系

对外贸易社会效益与对外贸易企业效益是整体和局部的关系，二者既是

统一的，又是相互矛盾的。对外贸易企业经济效益是对外贸易社会经济效益的组成部分，但对外贸易社会效益又不是对外贸易企业效益的简单相加。国家和对外贸易企业作为不同的利益主体，在经济行为中追求的效益目标必有差别。国家的对外贸易效益目标并不能涵盖所有的企业经济效益；对外贸易企业经济效益有时甚至和对外贸易社会效益相悖。

因此，为了尽可能使两者统一起来，国家应加强宏观调控手段，充分发挥市场机制的作用，辅之以必要的行政手段，既要满足对外贸易企业的效益目标，又要保证国家对外贸易宏观经济效益目标的实现。

（三）建立并完善社会主义市场经济体制

（1）建立和完善社会主义市场经济体制，可以使市场真正成为资源配置的基础性手段，促使我国经济同世界经济互接互补，进而更好地利用国际分工，提高生产力水平。

（2）建立和完善社会主义市场经济体制，可引入国际竞争，加速我国企业和国民经济的技术改造，推进产业结构、经济结构的优化。

（3）建立和完善社会主义市场经济体制，可促使对外贸易企业在市场竞争中求生存、求发展，从而从整体上提高对外贸易企业的经济效益。

二、提高对外贸易微观经济效益的途径

提高对外贸易企业经济效益，除必须给企业创造平等竞争的宏观环境外，更要从微观层面上进行变革，挖掘企业内在潜力。

（一）制定现代企业制度

提高对外贸易企业经济效益，首先要建立产权清晰、权责分明、政企分开、科学管理的现代企业制度，要逐步推行股份制，使对外贸易企业真正成为自主经营、自负盈亏、自我发展、自我约束的独立生产者和经营者。

（二）实现综合经营、规模经营

对外贸易企业传统的单一商品经营模式已难以适应快速变化的国际经

济环境，必须转向多元化、综合性经营，以增强抵御风险、综合利用生产要素的能力。对外贸易企业，尤其是大型对外贸易企业，应加强横向、纵向联合，实行"一业为主，多种经营"的方针，扩大经营规模，实行规模经营；在经营进出口商品的同时，利用自身联系广、信息灵的优势，积极参与技术进出口贸易、国际服务贸易、国际投资等活动；在国内市场上，也应参与各种实业化经营，如种养业、制造业、运输业、房地产业、服务业等，形成国际化、实业化、综合化经营模式，使企业拥有的资源得到更有效的配置，降低企业运营成本，改变投入产出关系，增加企业盈利，从根本上提高企业创造效益的能力。

（三）加速生产企业技术进步

影响对外贸易企业经济效益的一个重要因素是我国出口商品质量低，花色品种不能适应国际市场需求，包装简陋，交货不及时，从而使销价降低。因此，我国必须推行"以质取胜"战略，加大企业技术改造力度，用高新技术武装企业，增加产品技术含量，增加产品附加价值。在这方面提高对外贸易企业经济效益的潜力是很大的。

第四章　中国对外贸易发展策略

本章介绍了中国对外贸易发展策略，主要介绍了深化服务贸易改革开放、加强政策指导与协调、加快发展跨境电商与数字贸易、推动构建全球经济合理布局四个方面。

第一节　深化服务贸易改革开放

一、服务贸易概述

（一）服务的概念

服务是相对于货物而言的一个经济学概念。服务是指对其他经济单位的个人、商品或服务增加价值，并主要是以活动形式表现的使用价值或效用。与有形商品相比，服务具有以下特征。

1. 贸易标的的无形性和公共性

无形性是服务的最主要特征，在世界贸易组织《服务贸易总协定》按行业领域划分的十二个大类服务贸易中，大多表现为无形产品。服务贸易的无形性可以从两个不同的层次来理解：首先，服务的特质及组成元素，很多都是无形、无质的，让人不能触摸或凭肉眼看见其存在，因此，服务提供者通

常无法向顾客介绍形态确定的服务样品；其次，服务贸易的无形性还指服务不仅其特质是无形、无质的，甚至消费者使用服务后的利益也很难被察觉，或是要等一段时间后，服务消费者才能感觉到"利益"的存在。但是，服务的无形性不是绝对的，在具体业务中，除单纯的无形产品的交易外，有的还包含作为服务载体组成部分的有形商品的交易。很多服务需要有关人员利用有形的实物，才能正式生产，才能真正提供及完成服务程序。例如餐饮业服务中，不仅有厨师的烹调服务过程，还有菜肴的物质加工过程。

与货物贸易不同的是，大多数服务贸易商品具有"公共性"的特征。服务贸易商品所有者可以重复出售其产品，所有权并不会因为被出售而转移。如教育服务、健康服务以及娱乐、文化等服务，可以用同样的资源和信息同时为两个以上的客户提供服务。

2. 生产、交易与消费的同步性和不可储存性

与有形商品相比，服务具有不可分离的特征，即服务的生产过程、交易过程与消费过程可以同时进行，也就是说，国际服务贸易商品是以贸易作为生产的前提条件，生产、交易与消费同时进行。生产结束，交易与消费也同时结束。如国际旅游服务，生产开始也就是提供旅游服务的开始，旅游消费同时进行；生产结束，旅游消费也同时结束。

服务的生产与消费同步性又派生出服务不可储存性的特点。服务人员提供服务时也正是顾客消费服务时，二者在时间和空间上不可分离。服务一旦被生产出来，就必须被消费，否则就会造成损失，如车船的空位等。

3. 服务消费的差异性

在通常的情况下，差异性指的是服务的消费效果和质量水平会有较为明显的差异。服务行业是以人为核心的产业，而每一个人都具有自己独特的个性。因此，从一方面来看，即使是同一个服务人员所提供的服务，由于其自身的心理状态等因素的影响，其服务质量也可能会有所不同。从另一方面来看，消费者本身的因素（如知识水平、兴趣和爱好等）也直接影响服务的质量和效果。差异性的特点使得消费者对于服务的质量检验很难采用统一的标准。

此外，服务还有其他一些特征，如顾客参与性、小服务圈与规模经济的

难题等。同时，服务与有形商品之间也存在着一定的替代性和统一性。

（二）服务贸易的概念

"国际服务贸易"一词源于《关税及贸易总协定》于 20 世纪 70 年代的谈判决议，在概念上有狭义和广义之分。狭义的国际服务贸易是有形的，即发生在国家之间的符合严格服务定义的直接服务（劳动力）的输出与输入活动；广义的国际服务贸易则不仅包括有形的劳动力的输入与输出，也包括无形的提供者与使用者在没有实体接触的情况下的交易活动。

世界贸易组织（WTO）在《服务贸易总协定》中将服务贸易描述为"服务提供者从本国境内向其他国境内消费者提供服务或在本国境内向其他国家消费者提供服务，或通过在其他国家设立商业存在或自然人的商业现场向消费者提供服务"，并概括了服务贸易的四种方式：跨境交付、境外消费、商业存在和自然人流动。服务贸易中的跨境交付、商业存在和自然人流动主要是通过提供服务获得外汇收入，提供这些服务的就是出口方，获得这些服务的就是进口方；境外消费在统计上被算作进口，提供有关服务的一方获得外汇收入，自然就成为服务的出口方。

国际货币基金组织（IMF）在国际收支表中，对服务贸易有明确的定义：服务项目涉及居民与非居民之间发生的服务交易，同货物生产所不同的是，服务并不生产某种有形的物质产品；而且在服务的生产发生之前，一国的服务生产者与另一国经济体的服务消费者就已事先做出安排。

WTO 和 IMF 关于服务贸易的定义各有侧重，WTO 关于服务贸易的定义注重国际服务的贸易方式，以各种不同的交易方式制定贸易规则，并通过减让表规则处理市场准入和国民待遇问题，而忽略其量化概念。WTO 关于服务贸易的数据基于 IMF 的统计，但它明确地把政府的公共服务部门排除在外，即使政府提供的公共服务具有商业性质。

（三）国际服务贸易的内容

WTO 关于服务贸易的分类更适用于国家关于各服务业的开放政策，以及

对 WTO 与其他国家和地区的开放承诺。WTO 在《服务贸易总协定》中将服务贸易按行业领域分为十二个大类：商业性服务，通信服务，建筑服务，销售服务，教育服务，环境服务，金融服务，健康及社会服务，旅游及相关服务，文化、娱乐及体育服务，交通运输服务，其他服务。具体内容如下。

1. 商业性服务

商业性服务指的是商业活动中所涉及的服务交换活动，包括个人消费的服务、企业和政府消费的服务。商业性服务包括专业性服务（包括咨询）、计算机及相关服务、研究与开发服务、不动产服务、设备租赁服务和其他服务六个类别。

2. 通信服务

通信服务主要指所有有关信息产品、操作、存储设备和软件功能等的服务。通信服务由公共通信部门、信息部门、关系密切的企业集团和私人企业间进行信息转接和服务提供，主要包括邮电服务、信使服务、电信服务、视听服务和其他电信服务。

3. 建筑服务

建筑服务主要指工程建筑从设计、选址到施工的整个服务过程，具体包括：选址服务，涉及建筑物的选址；国内工程建筑项目，如桥梁、港口、公路等的地址选择等；建筑物的安装及装配工程；工程项目施工建筑；固定建筑物的维修服务；其他服务。

4. 销售服务

销售服务指产品销售过程中的服务交换，主要包括：商业销售，主要指批发业务；零售服务；与销售有关的代理费用及佣金等；特许经营服务；其他服务。

5. 教育服务

教育服务指各国间在高等教育、中等教育、初等教育、学前教育、继续教育、特殊教育和其他教育中的服务交往，如互派留学生、访问学者等。

6. 环境服务

环境服务指污水处理服务、废物处理服务、卫生及相似服务等。

7. 金融服务

金融服务主要指银行和保险业及相关的金融服务活动。

8. 健康及社会服务

健康及社会服务主要指医疗服务、其他与人类健康相关的服务以及社会服务等。

9. 旅游及相关服务

旅游及相关服务指旅馆、饭店提供的住宿、餐饮服务，膳食服务及相关的服务，以及旅行社及导游服务。

10. 文化、娱乐及体育服务

文化、娱乐及体育服务指不包括广播、电影、电视在内的一切文化、娱乐、新闻、图书馆、体育服务，如文化交流、文艺演出等。

11. 交通运输服务

交通运输服务主要包括：货物运输服务，如航空运输、海洋运输、铁路运输、管道运输、内河和沿海运输、公路运输服务；航天发射以及运输服务，如卫星发射等；客运服务；船舶服务（包括船员雇佣），附属于交通运输的服务，主要指报关行、货物装卸仓储、港口服务、起航前查验服务等。

12. 其他服务

其他服务是指上述服务种类之外的服务。

上述的 12 个服务分类呈现出类似树枝状的结构，能够细分出 160 多个小的分类。

《服务贸易总协定》并未固定服务类别的划分和概念。服务贸易理事会下设的具体承诺委员会，负责有关服务类别和分类调整的技术性工作。例如，近年来，通信服务中新增了电子邮件、语音邮件等科目。

（四）国际服务贸易发展的特点

其一，服务贸易已成为当今国际贸易中发展最为迅速的领域。在第二次世界大战之前，服务贸易是作为货物贸易的辅助项目发展起来的。直到第二次世界大战以后，随着社会经济的发展和科学技术的进步，国际服务贸易逐

步成为国际贸易的主流。从 20 世纪 70 年代开始，世界各国服务业迅速发展，国际服务贸易规模不断扩大。据世界贸易组织统计，20 世纪 70 年代期间，世界服务贸易出口与货物贸易出口均保持快速增长且大体持平。从 20 世纪 80 年代开始，世界服务贸易出口平均增速开始高于货物贸易，到了 20 世纪 90 年代，服务贸易平均增速呈波动下降趋势。跨入 21 世纪后，由于服务业信息化、现代化加速，大大提高了服务业的可贸易性，世界服务贸易进入稳定增长期，增幅开始逐渐回升，促进了世界服务贸易的快速发展。根据世界贸易组织统计，世界服务贸易年出口规模从 1 万亿美元增加到 2 万亿美元，大约用了 10 年时间，而从 2 万亿美元扩大到 4 万亿美元，只用了 7 年时间。到 2015 年，经过不到 4 年的时间，国际服务贸易出口额首次超过 5 万亿美元[①]。世界服务贸易出口总额已从 1980 年的 3 957 亿美元上升到 2015 年的 50 108 亿美元，期间增长了 11.66 倍，年均增长率约为 7.53%。然而，受到 2020 年 1 月大环境的冲击，全球服务贸易增长减弱。根据世界贸易组织发布的 2020 年第一季度《全球服务贸易晴雨表》报告，自 2019 年年底至 2020 年第一季度，全球服务贸易增长继续呈放缓态势；全球服务贸易 2020 年数值为 96.8，低于 2019 年 9 月份的 98.4，也远低于 100 的基准值，这表明全球服务贸易增长低于趋势水平[②]。其中，航空客运和集装箱运输下降幅度最大。根据联合国贸易和发展会议（UNCTAD）数据显示，2022 年全球货物贸易额约 25 万亿美元，比 2021 年增长了 10%。2022 年度货物贸易额增长主要归功于上半年的强劲复苏，而下半年表现则达不到预期水平，特别是第四季度出现了下降。2022 年第四季度全球货物贸易额约 6 万亿美元，比第三季度减少了 2 500 亿美元，下降了 4%。虽然全球货物贸易金额减少，但是贸易数量仍然保持上升态势，这说明全球货物进口需求得到缓解，货物价格水平出现下降[③]。

---

① 知行部落. 我国双边服务贸易流量与潜力的实证与对策［EB/OL］.（2018-04-29）［2023-05-01］. https:// www.xzbu.com/4/view-10378313.htm.

② 经济日报. 世界贸易组织发布报告 全球服务贸易增长减弱［EB/OL］.（2020-03-12）［2023-05-01］. https://baijiahao.baidu.com/s?id=1660927548648017388&wfr=spider&for=pc.

③ 中咨华研. 2022 年第四季度全球货物贸易额 6 万亿美元 服务贸易额 1.8 万亿美元［EB/OL］.（2023-03-27）［2023-05-01］. https://baijiahao.baidu.com/s?id=1761449720857347283&wfr=spider&for=pc.

其二，国际服务贸易结构从传统服务贸易向以知识技术的密集使用为特征的新兴服务贸易转型升级。进入 21 世纪后，由于运用了大量先进的技术手段，许多独立经营的新兴服务行业不断出现，其中，以高附加值服务贸易，例如咨询、金融服务、计算机和信息服务等现代服务业的发展最为迅速。而传统服务贸易中的运输服务、旅游服务，在国际服务贸易中所占的比重则出现了一定程度的减少。近年来，随着国际服务贸易的发展，国际金融服务、计算机和信息服务，以及专利权使用费和特许费的出口额，在国际服务出口总额中所占的比重有所增加，但是，其他服务贸易出口占总额的比重仍然占一半以上。可以预计，以知识技术的密集使用为特征的新兴服务贸易将进一步取代劳动密集型、资源密集型的服务贸易。

其三，国际服务贸易的竞争逐渐加剧，服务贸易领域的国际经济贸易规则正面临着重构。服务贸易一直是经济发达国家的强项，无论是在经济实力还是在游戏规则制定方面，发达国家都具备显著的优势特征。从国际服务贸易地理分布的层面来看，国际服务贸易的发展呈现出不均衡的特点，始终拥有较强竞争优势的是西欧和北美的国际服务贸易。自 1980 年以来，美国、英国、德国、法国和日本等发达国家一直居服务贸易出口前 5 名。2019 年，进出口规模居于前五位的国家为美国、中国、英国、德国、法国；出口规模居于前五位的国家为美国、英国、德国、法国、中国；进口规模居于前五位的国家为美国、中国、德国、法国、英国。除建筑服务外，在新兴服务业领域，发展中国家与发达国家供给能力的差距被拉大，如在专利和特许权使用费、金融、保险以及文化休闲服务的出口市场中，发达国家都占据了 80% 以上的市场份额。从服务贸易商品结构上讲，发达国家和新兴工业化国家与地区主要输出技术、知识和资本密集型服务，如银行、保险、通信、数据处理、技术、咨询、广告等服务领域，而发展中国家则主要发展劳动密集型服务，劳动力输出、旅游、运输是其最主要的服务贸易方式。

发达国家力争在巩固服务贸易国际竞争制高点地位的同时，积极推进服务贸易规则谈判，不断提高服务业开放标准，服务贸易领域国际规则制定权争夺更加激烈。

其四，跨国公司的快速发展，使得服务的国际化逐渐增强。在金融、信息和专业服务这些方面，跨国公司都是具有重要意义的供应者。其中许多公司在世界范围内设立全球事业部、研发中心、采购中心等，并以此为节点编织全球服务的供应链，推动服务贸易的全球供应链在广度和深度上的发展。促进这种趋势发展的重要动力包含以下内容。

（1）世界信息网的建设以及跨越国境数据资料的流动，让跨国公司具备了提供越过其传统部门的多项服务的能力，例如银行可以提供非银行服务。

（2）跨国公司需要对其业务规模进行拓展，以此来继续为顾客提供相应的服务。其中，具有更加显著表现的是银行业和保险业。一直以来，国际保险公司都致力于为国际原材料和制成品贸易提供保险服务。在银行部门，跨国公司势力尤其强。为了适应国际贸易的发展需求，跨国银行网络迅速扩大，这使得国际金融市场活动的空间能够得以扩大。此外，这种趋势也带动了国际商业支持服务的发展，例如广告公司以及各种专业服务，例如会计、法律和咨询服务，均获得了进一步的发展。

（3）少部分的跨国公司使得为世界市场提供多种服务的能力得以提升，合并引起跨国服务公司的诞生。它们可以为多个市场提供广泛的服务，或者将商品和服务进行有机结合；它们具备更大的潜力，能够进入金融行业，使信息系统得以扩大，并能够将"交钥匙"工程、设计以及其他劳务相融合。少部分工业广告中占统治地位的公司已经开始扩大其活动范围，例如将活动范围扩大到市场研究、公共关系和经营咨询领域。

其五，服务外包已经成为新型的服务贸易模式。伴随着信息技术的不断发展和应用，服务外包这种商业模式创新应运而生。服务外包是指企业将价值链中原本由自身提供的具有基础性的、共性的、非核心的 IT 业务和基于 IT 的业务流程剥离出来后，外包给企业外部专业服务提供商来完成的经济活动。

根据其所涵盖的内容，服务外包可以分为三类：信息技术外包、业务流程外包、知识流程外包。而按照业务细分，则可将其分为研发外包、软件外包、设计外包、金融服务外包、财务管理外包、公共服务外包等。

作为经济全球化深入推进与产业分工细化的结果，服务外包已经成为全球产业链发展的重要途径之一。随着跨国公司的战略调整以及系统、网络、存储等信息技术的迅猛发展，由商业服务业务流程外包和与计算机服务相关的信息技术外包组成的服务外包正逐渐成为服务贸易的重要形式，并进一步发展到以新产品开发和研发为代表的知识服务外包模式。

二、中国服务贸易发展的特点

（一）服务贸易发展趋势良好

改革开放前，我国服务贸易的开展主要是服务于当时的政治和外交需要，服务贸易规模统计资料几乎是一片空白。20 世纪 80 年代以后，随着改革开放步伐的加大及国内服务业的发展，我国服务贸易增长十分迅速。除个别年份外，中国服务贸易进出口增速一直高于同期世界服务贸易平均进出口增速和服务贸易主要进出口国家（地区）的增速。加入 WTO 以后，我国更是积极参与国际服务贸易的开放，服务产业日益成长壮大，对外服务贸易快速发展，2010—2014 年我国服务贸易年均增长接近 17%，高出国内生产总值（GDP）年均实际增速近 8%，高出国内生产总值（GDP）年均名义增速 7%。之后，我国服务贸易进入一个平稳发展的新时期，2016—2019 年，我国服务贸易每年保持着 5 万亿元人民币的进出口总额，2019 年中国服务贸易进出口总额为 5.42 万亿元，同比增长 2.8%[①]。同时，服务贸易进出口额在对外贸易进出口总额（货物和服务进出口额之和）中所占的比重不断提高，服务贸易的发展为中国对外贸易的平稳发展以及中国国内经济增长作出了重要贡献。同时，我国服务贸易对世界服务贸易增长的贡献率稳步提升，世界排名不断上升，2022 年，我国服务贸易排名第九名，首次进入全球前十名[②]。

---

① 中商情报网. 2019 年中国服务贸易总体情况回顾及 2020 年服务贸易展望［EB/OL］.（2020-07-02）［2023-05-01］. https://s.askci.com/news/maoyi/20200702/1532551162950.shtml.

② 中华工商网. 报告显示：我国服务贸易排名位居全球第 9 位［EB/OL］.（2022-09-09）［2023-05-01］. https://baijiahao.baidu.com/s?id=1743490889849444832&wfr=spider&for=pc.

（二）服务贸易结构不断升级优化

经过多年的积累，我国劳动力优势逐步向劳动力资源、人力资本优势转化，资本优势也逐步传导到技术、品牌、质量、服务、知识产权、标准等高级生产要素优势中。随着生产要素优势逐步转化为服务贸易产业优势，我国包括建筑服务、信息和计算机服务、咨询服务、商务服务以及离岸服务外包在内的人力资源服务贸易发展迅速，高铁、桥梁、电站等建筑服务，以及软件外包、信息技术、呼叫中心等服务领域已经形成一批国际知名服务产品和服务跨国公司，伴随着货物贸易优势发展起来的运输保险服务发展稳步增长。新兴服务贸易快速增长，提高了中国服务贸易附加值，促进了知识技术密集型企业发展，为国内产业结构升级作出了积极贡献。

（三）服务外包成为促进服务贸易出口的新动力

服务外包产业在中国发展的时间不过十多年，由于中国在信息通信技术（ICT）等关键基础设施、人力资本结构、科技创新、语言文化等诸多领域形成的综合优势，以及云计算、大数据、移动互联等技术快速普及应用，为培育服务外包竞争新优势发挥了重大作用，中国服务外包产业向价值链高端升级加速，在经济发展新常态下逆势增长。目前，在以数字技术和数字经济为代表的新一轮科技革命及产业变革的驱动下，制造服务化、服务外包化趋势增强，服务外包规模稳步提升，产业结构高端化升级态势明显。通过向标准化、数字化、智能化、融合化的"四化"转型，中国服务外包市场潜力加速释放，行业深度不断拓展，转型新动能加速培育，生产性服务外包发展迅速，向全球价值链高端环节跃升，服务外包结构进一步优化。

（四）服务贸易逆差不断扩大，但增速放缓

与货物贸易持续高额顺差不同，我国服务贸易逆差的规模不断扩大。根据国家外汇管理局 2015 年实行的新的服务贸易统计口径，1998 年以前，除

个别年份出现小额逆差外，我国服务贸易保持了极小幅度的顺差，但服务贸易规模亦非常有限。1997 年亚洲金融危机后，外接加工贸易订单萎缩，我国服务贸易开始出现贸易逆差。2001 年，随着中国加入 WTO 以后国内服务领域的逐渐开放，中国进口服务需求快速增长，这进一步扩大了服务贸易逆差，2003 年达到这几年来的最高水平之后开始回落。从 2005 年开始，中国服务贸易逆差局面得以扭转。2005—2007 年，中国服务贸易顺差从 3 亿美元上升到 52 亿美元，保持了较好的发展态势。2008 年，受金融危机影响，中国服务贸易各行业出口增速普遍受阻，进口增速快于出口，逆差规模激增。2009年，服务贸易出口下滑了 12%，服务贸易逆差激增至 153 亿美元，是我国服务贸易有史以来逆差最大的一年。之后我国服务贸易逆差规模迅速扩大，2013 年突破了 1 000 亿美元大关，2014 年达到了 2 137 亿美元，之后我国服务贸易逆差增速放缓，2016 年扩大到 2 601 亿美元。2019 年，我国服务贸易出口总额增长了 8.9%；进口总额减少了 0.4%；服务贸易逆差为 15 024.9 亿元人民币，同比下降了 10.5 个百分点[1]。2022 年，我国服务贸易逆差为 943 亿美元，逆差规模较 2021 年下降了 6%[2]。

（五）中国服务贸易市场保持高度开放

服务贸易市场对外开放的实质是服务进口的扩大，具体包括两个层次：一个层次是允许外国服务产品的进口；另一个层次是给予外国服务提供者市场准入的权利。

加入 WTO 促进了我国服务业的开放，根据加入 WTO 的承诺，我国外资政策调整最集中的领域是服务贸易，分销、银行、保险、证券、电信、建筑、法律、旅游、交通等众多服务贸易领域的承诺得到了落实。在 WTO 分类的 160 多个服务贸易部门中，我国已经开放了 100 多个。在 2010 年，中

① 中国服务贸易指南网. 2019 年中国服务贸易逆差同比减少 1 760 亿元［EB/OL］.（2020-02-11）［2023-05-01］. http://tradeinservices.mofcom.gov.cn/article/tongji/guonei/buweitj/swbtj/202002/98220.html.50INTERNATIONALTAXATIONINCHINA.
② 财联社. 外汇局：2022 年我国服务贸易逆差 943 亿美元较 2021 年下降 6%［EB/OL］.（2023-02-10）［2023-05-01］. https://baijiahao.baidu.com/s?id=1757435242420260916&wfr=spider&for=pc.

国全面兑现了加入 WTO 的有关承诺，市场达到了前所未有的开放深度，中国服务业的开放程度已经接近发达国家水平。

三、中国服务贸易的发展展望

（一）服务业转型升级为服务贸易发展奠定了良好产业基础

随着供给侧结构性改革的进一步推进，服务业正在逐渐成为支撑中国国民经济的关键性产业。服务业正在快速进行转型升级，新一代信息技术，如互联网、物联网、云计算、大数据、人工智能等技术与服务业的融合发展，促进了信息传输服务、软件技术服务、商务服务等新兴服务业蓬勃发展，催生了平台经济、体验经济和分享经济等一大批新产业、新技术、新业态、新模式。随着服务业的不断发展，我国的服务贸易呈现出快速增长的发展态势，我国的年均增速已经超过全球服务贸易的年均增速。技术、知识密集型和高附加值服务的出口占比在不断提高，人力资源密集型和具有中国特色的服务的出口优势也在不断加强。服务贸易在开放型经济发展中的战略地位越来越重要，中国服务贸易大国地位将进一步巩固，服务贸易成为全球经济增长的重要引擎，继续为全球服务贸易发展作出重要贡献。

（二）制度体系日益完善，为服务贸易发展提供了良好发展环境

随着时间的推移，服务贸易的重要性越来越明显。为了推动服务贸易的发展，中央和地方政府正在积极探索各种相应的措施并出台政策，而这也使得中国服务贸易进入了一个增速趋稳、结构趋优的崭新阶段。自 2019 年开始，自由贸易试验区建设进展迅速，服务贸易创新发展试点也加快推进。通过实施服务业的对内和对外开放以及改善投资环境等措施，各个地区正加快形成新的区域服务贸易发展优势。中国服务外包示范城市在产业聚集、示范引领和创新发展等方面都发挥了至关重要的作用，是我国服务外包产业的重要载体与重要支撑。粤港澳大湾区、长三角一体化规划和新增的自由贸易试验区都在致力于推动服务贸易的创新、优化服务贸易的发展。现如今，各个

地区正在加速推进出口基地——中医药服务出口基地、文化服务出口基地、数字服务出口基地的建设工作。

另外，中国国际进口博览会和中国国际服务贸易交易会等国家级展会已经呈现出常态化和多元化的发展趋势，其为我国乃至全球的服务贸易进出口提供了全新的平台。通过积极推进相关政策和措施的落实，中国将进一步完善服务贸易管理体系，在有效促进服务贸易区域协调发展的基础上，使服务贸易高质量发展的目标能够得以实现。

（三）服务贸易的国内外发展环境复杂多变

首先，国内服务贸易环境正在不断改善，并且拥有巨大的发展潜力。

一方面，服务业的迅速发展为推动服务贸易的发展奠定了坚实的基础。目前，我国正处于一个经济结构变革与升级的关键时期，服务贸易发展的产业基础正在不断扩大，不断涌现出以互联网信息技术作为依托的新业态、商业模式，离岸服务外包业务以及跨境电子商务的发展非常迅速。

另一方面，相关的政策体系正在逐步完善，这能够为服务贸易的进步与发展提供强有力的支持。一直以来，中央和地方政府都在不断探索新的措施，以促进服务贸易的发展、扩大服务业的开放。通过落实推进有关政策，中央和地方政府进一步完善了我国的管理服务贸易体制，使服务贸易的开放程度得到了很大提高，服务贸易的便利化水平得到了极大提升，有效促进了服务贸易在规模方面和质量方面的共同进步。

但是，我国国内服务贸易的发展环境仍需进一步优化，亟待解决的问题主要集中在以下几个方面：

一是各级政府部门、地方政府和国内企业要充分认识服务贸易的发展规律，建立发展服务贸易的工作联动机制。

二是完善服务贸易出口退（免）税政策，加大发展服务贸易的支持力度。

三是加快服务贸易中高端人才的培养，健全服务贸易统计指标体系。

其次，"一带一路"建设助推服务贸易发展。随着"一带一路"建设向纵深推进，相关国家在中国服务外包市场占比不断提升。与此同时，中国深

入推进与相关国家的国际产能和装备制造合作，将有力促进工程承包、研发设计、运营维护等与制造业密切相关的服务贸易发展，并推动第三方咨询与认证、金融保险、物流采购等服务型企业"走出去"。

最后，国际服务贸易外部环境存在着困难与机遇。目前，世界经济复苏动力依旧不足，与服务贸易密切相关的货物贸易及航运业持续低迷，金融市场风险有所上升，新兴市场与发展中国家（地区）对服务业的开放更加谨慎，世界服务市场陷入萎缩的风险加大。另外，与服务业相关的跨国投资仍保持快速增长。除金融服务跨境并购放缓外，房地产和交通服务跨境并购表现强劲。传统服务业依然是今后一个时期内跨境投资的主要领域。

综合来看，虽然外部环境存在风险和挑战，但中国服务进出口正处于转型发展的关键时期，产业基础持续改善，政策支持力度加大，国内经济环境持续优化，国际市场更趋多元，这些为我国服务进出口快速增长创造了良好环境。推动服务贸易发展潜能持续释放，在中国对外贸易中的重要性将持续提升。

四、深化中国服务贸易的建议

（1）促进服务业创新：鼓励和推动新技术、新业态、新模式的发展，尤其是数字化、网络化、智能化服务业，可以推动服务贸易高质量发展。

（2）加强人才培养：投资于人力资本，提高服务业从业人员的专业技能和服务素质。通过教育和培训，提升服务贸易人才队伍的专业水平，拓宽国际化视野。

（3）改善服务业环境：进一步简化行政程序，降低服务业的市场准入门槛，尤其是对外商投资的开放度。同时，提高服务业的知识产权保护，保障服务贸易的公正和公平。

（4）加强国际合作：积极参与全球服务贸易谈判，推动建立更公正、公平、透明的全球服务贸易规则。同时，应加大与"一带一路"合作伙伴在服务贸易领域的合作力度。

（5）创新服务贸易政策：进一步提高金融服务业的开放度，放宽服务业的外商投资限制，鼓励国内外资本市场的互联互通。此外，制定适应服务贸

易发展的税收政策，为服务业的发展提供良好的税收环境。

（6）提升服务质量：提升服务质量是提高服务贸易竞争力的关键。应推动服务企业提高服务效率，改善服务体验，从而提高顾客满意度。

第二节　加强政策指导与协调

中国在全球经济中扮演着重要的角色，尤其是在对外贸易方面。随着全球化进程的深入，中国对外贸易发展已成为推动经济增长的重要力量。然而，面对日趋复杂的国际贸易环境，加强政策指导与协调至关重要。这不仅有利于保护国内产业、提升经济竞争力，同时也有利于维护国际贸易秩序、推动全球经济共同发展。

首先，政策指导对于对外贸易的稳定性至关重要。通过制定和调整相关政策，政府可以引导国内企业应对国际市场变化，克服诸如贸易壁垒、关税调整等挑战。例如，通过提供一系列的税收优惠、财政支持和优化的金融环境，政府可以鼓励企业进行技术升级和产能优化，以增强我国在国际竞争中的地位；制定灵活的贸易政策。政策应灵活反映市场变化，如根据全球经济形势或特定行业的需求进行调整。例如，在全球供应链压力下，政府可能需要考虑更灵活的进出口政策，鼓励产业链的多元化发展。

总的来说，中国对外贸易发展的策略应以提升自身的经济竞争力和维护全球贸易秩序为核心，通过灵活的政策调整、提升政策透明度、强化政策协调、提升企业竞争力和强化国际合作等手段，推动中国对外贸易的持续发展。

其次，政策协调可以帮助中国更好地融入全球贸易体系。在多边贸易体系中，国际经济关系的复杂性要求各国政策协调一致，以维护公平公正的贸易环境。中国可以通过与其他国家和地区的政策协商与对话，推动互利共赢的贸易协定，进一步加强国际经济合作。

然而，在加强政策指导和协调的同时，我们也应注意以下几点：首先，政策应充分考虑各行业和地区的差异性，避免出现"一刀切"的情况；其次，政策制定过程应尽可能透明公开，要鼓励公众参与和监督，以确保政策的公

正性和合理性；最后，政策应根据国际环境的变化灵活调整，以保持中国经济的稳定和持续增长。

第三节　加快发展跨境电商与数字贸易

一、加快我国跨境电商的发展

（一）跨境电商的概念

跨境电商是跨境电子商务的简称，指分属不同关境的交易主体，通过电子商务平台达成商品或信息交易、进行支付结算，并通过跨境物流送达商品、完成交易的一种国际商业活动。

（二）跨境电商的特征

跨境电商是在互联网的基础上发展起来的一种新型的贸易形式，它将互联网和贸易紧密结合在一起。以下是它所具备的主要特征。

1. 全球性

由于互联网技术的进步与发展，电子商务已经使贸易摆脱了地理空间的制约。通过利用互联网的无边界性和开放性，企业可以将本土的商品和服务在全球范围内进行推广，在各个层面、各个领域展开跨境贸易的广泛合作。与此同时，借助网络媒介，消费者能够自由地购买自己心仪的商品，消费者只需简单地在互联网上点击鼠标，就能轻易地选购自己需要的商品，不必受到地域的限制，不必远赴海外或花费昂贵的成本。由此，互联网将全球各地的买卖双方都联系在了一起，提高了交易信息共享的程度。

2. 多边性

在传统贸易中，通常只有两个国家进行彼此之间的双边贸易。然而，跨境电商的发展已经改变了这种情况，它将交易中的信息流、物流、资金流等，从双边模式转变为多边模式，并采用一种新型的网状结构来代替传统双边贸

易的线状结构。通过甲国的交易平台、乙国的物流运输平台、丙国的支付平台，跨境电商能够在其他国家之间进行直接贸易。

3. 无形性、无纸化

在通常的情况下，传统贸易是有形的商品买卖交易，传统贸易会以书面形式完成从订购合同到买卖票据。而电子商务的快速发展，对数字化产品和服务的普及起到了极大的促进作用。在跨境电商的交易过程中，买卖双方进行交易会通过无纸化的方式。这种方式替代了过去烦琐的纸质交易文件流程，使交易过程更加快捷高效。买家和卖家发送或者接收买卖信息可以通过电子邮件、电商平台，这不仅能够使资源得到了节约，还显著加速了信息传递与货物买卖的实际效率。现如今，随着跨境电商的兴起，传统的实物交易模式已经被打破，数字化商品和服务，例如网络数据、音像视频等，让商品交易的种类更加丰富、多元。

4. 隐蔽性

随着网络的发展，消费者能够依据自身的需求对自己的真实身份、个人数据信息等进行相应的保护。因此，全球化的电子商务环境为用户提供了前所未有的交易自由，同时也使得识别用户身份和所在位置变得更加困难。用户在使用网络时所享有的自由和其所需要承担的义务相比，是远远超出的，甚至有的用户还会利用网络信息的不对称来逃避相应的责任。实际上，在美国这样一个电子跨境贸易相对较为成熟的发达国家，也存在着很多网络逃避责任的问题。而在纳税这一环节，这一问题尤其显著。由于跨境电商的交易人身份和地理位置等信息的获取非常困难，税务机关在核实纳税人的交易情况和应纳税额时，往往会遇到很多障碍，而这一情况为相关监管和税务部门的审计、核实工作带来了很多不便。

5. 时效性

在传统的交易模式中，由于受到地理位置和通信技术的多种制约，信息的发送、接收以及交流方式都会产生一定程度上的时间差。然而，对于跨国贸易而言，时效性极为重要。一旦时机错过了，则货币汇率的波动可能会给交易带来巨大的损失。现在，电子商务已经完美地解决了时间差所带来的滞

后问题。通过电子商务，我们能够实现信息之间的快速传递。无论是时间上的限制，还是地理距离上的制约，都被电子商务打破了。当我们向他人发送信息时，他们几乎可以在瞬间就收到信息。此外，一些数字产品的交易也可以在瞬间完成。跨境电商通过直接交易的方式，让一国生产商可以直接通过电商平台向另一国的消费者销售商品，省去了涉及批发商、代理商和零售商的中间环节，使烦琐的贸易手续能够得以减少，从而让交易过程变得更加高效、便捷。

（三）我国跨境电商面临的困境

1. 跨境电商法律体系不健全

近些年来，随着跨境电商的蓬勃发展，我们也面临着越来越多的法律难题。我国原有的国际贸易法律体系已然无法适应国际电子商务的发展，而相比于跨境电商产业的发展速度，我国相关法律制度的制定速度还存在很大程度上的滞后。因此，制定一套合适的跨境电商法律体系，对于解决跨境电商活动中的各种制度问题和法律纠纷显得至关重要。

2014 年 7 月，海关总署发布了《关于跨境贸易电子商务进出境货物、物品有关监管事宜的公告》，该公告明确指出了跨境电商所具有的合法地位，并规定了跨境电商的范围以及海关的职责范围。该公告的发布意味着跨境电商将由试点走向推广。在跨境电商法律中，商品质量的监督与维权是一个重点问题。针对几大电商平台的商品，国家市场监督管理总局进行了多次抽样调查，结果显示，商品质量的不合格率依然较高。同样地，假若在跨境交易中出现了这种质量问题，则消费者维权的难度系数会更高，原因是存在着多方面的制约——地域距离、法律规则等。

另一个显著的法律问题是产权问题。在国际贸易中，导致跨境电商交易中知识产权问题、商品质量问题没有一个统一标准的原因是，不同国家之间存在着不同的知识产权、商品质量体系、标准体系、法律环境体系。如何确保跨境交易中商品的质量符合标准并能够对其进行有效的监管、如何对跨境电商商品的产权进行界定、如何对多个方面的因素进行协调等，这些

问题都在不同程度上影响着我国跨境电商的发展，是我国跨境电商发展的阻碍因素。

2. 在线支付和结汇问题

结汇是指外汇通过指定的银行将外汇的收入兑换成同等价值本币的行为。以中国跨境电商出口为例，国外买家是通过美元或者其他外汇来支付货款的，中国卖家不能直接收取美元或者其他外汇，而需要将美元或者其他外汇兑换成人民币，在这个过程中就涉及结汇的环节。而以往跨境电商缺少正规的报关途径，跨境电商卖家通过正常渠道进行结汇的可能性很小。

电子支付问题是阻碍跨境电商支付环节的另一个发展难题。跨境电商交易额的不断高涨，也促进了与其相关联的支付业务市场的进步发展。第三方支付平台获得成功的关键要点，就是让消费者感到满意且获得广大消费者的认同。中国本土的第三方支付平台如何走进国际市场，和国外的支付平台竞争市场，是与我国跨境电商的发展进程直接关联的。近些年来，跨境支付领域所面临的难题是如何让国外的消费者能够更倾向于使用国内第三方支付工具，以及如何能够保持顾客忠诚度。跨境电商发展所面临的重要挑战是：如何能够通过运用第三方支付这一"敲门砖"打开国际市场。

3. 物流限制

由于跨境电商的物流需要跨越国界在世界范围内进行自由流通，所以和物流有关的海关清关效率等问题，也逐渐成了跨境电商发展过程中的热点。然而，各个国家的国情不同，在政治、经济和文化等方面也存在着一定差异。货物在进入各国的海关时，往往要经历多个层级的申报手续，而这需要大量的成本。与此同时，烦琐的通关流程也使得物流运输的时间变得更长。基于此，物流问题已经成为跨境电商发展的一个重要瓶颈。

目前，跨境物流服务在国内刚刚起步，还处于一个基础的阶段，正面临着运输成本高、配送时间长、难以保证实时跟踪等问题。而相对较为快捷的国际快递，由于运输成本的高昂，跨境电商的价格优势也被大幅地削弱。邮政包裹虽然费用相对低廉，但又存在着运输时间较长的这一问题。

另外，目前国内的物流系统在可靠性这一方面也存在着一些问题，例如

货物积压、物流延迟等。这些问题都对跨境电商的发展造成了很大的影响。

海外仓是一种新型的跨境物流模式。海外仓模式就是在销售目的国建立一个储备仓库，将商品先运送到海外仓库中进行储存，再按照订单在仓库中进行分拣、包装，最后进行统一的配送。与传统的国际物流相比，这种模式更为方便，效率也更高。但是，海外仓的建设需要在前期进行大笔的投资，同时还需要配备与之相适应的信息化管理平台，需要利用相关的 IT 技术对商品进行合理的调配，因此其技术门槛相对较高，这对于跨境电商来说，是一个很大的挑战。

4. 合适的国际营销缺少

现如今，随着信息技术的不断进步发展，网络营销成为一种新兴的营销方式，它通过互联网实现了交易双方之间的有效交互，是一种基于互联网的全新营销方式。网络营销是指在互联网上将自己的商品信息进行发布，并借助网络对于消费市场有一定了解，从而最终达到提高销量的这一目标。产品、价格、渠道、促销这四个方面是网络营销战略的核心所在。而网络广告营销、搜索引擎营销、EDM 营销（电子邮件营销）、SNS 营销（社会性网络服务）等，在促销策略中是相对较为常见的。

当前，我国的跨境电商发展尚处于初级阶段，缺乏相应的市场运营经验，这使得我国跨境电商在营销的过程中存在诸多问题。

其一，对于和目标客户群体相关的数据资料，掌握得不够全面。因为地理位置和实际距离的制约，跨境电商客户的数量积累并不多，跨境电商自身难以获得目标客户群体的个人信息数据。然而，假若跨境电商是通过外部的信息渠道对用户信息进行购买，则又难以确保真伪，难以真正做到"对症下药"，从而产生不尽如人意的营销结果。

其二，跨境电商存在着盲目营销的情况，对于各个国家之间的环境差异缺乏必要的了解。在海外，不同的国家在风俗习惯、文化环境等方面都存在一些不同，对于这些不同，跨境电商应当进行充分的了解。假若不结合实际进行必要、充分的了解，则会致使营销的实际效果大打折扣。近些年来，跨境电商发展过程中所存在的一个难点问题，就是如何就具体问题进

行具体分析，如何针对不同国家的不同实际情况制定行之有效的、具体的营销策略。

其三，在营销的过程中，还存在着语言障碍的这一问题。要想制定出具有针对性的营销策略，首先必须要对当地消费群体的语言环境有一定的了解。因此，在跨境电商的发展过程中，营销工作人员要能够熟练运用多种语言进行营销，要能够对顾客的询问做出相应的回答。这既是对跨境电商公司营销能力的一种测验，同时也是对商家资金实力的一种考验。

5. 人才的缺乏

与国内电商相比，跨境电商的物流体系和支付体系要复杂得多。因此，对于中小型对外贸易企业来说，发展跨境电商其实也是一个很大的挑战。受到自身规模、资金实力和管理水平等方面的制约，中小型对外贸易企业很难吸引到高技术的电商人才，所以缺乏高技术的电商人才是制约跨境电商发展的主要因素。我们能够看出，跨境电商在人才引进这一方面还有待加强。伴随着跨境电商的不断发展，跨境电商在整个产业链上都需要各类人才，包括国际贸易、外语、物流管理、金融等专业的人才。就目前而言，在我国同时具备专业知识和创新思维的复合型人才是相对缺乏的。

跨境电商对人才的要求有以下两个方面。

其一，对于商品的国际市场要具有一定的了解，并且拥有较好的外语沟通交流能力。在小语种地区，发展跨境电商的潜力是很大的，但是小语种的相关人才也比较缺乏。

其二，跨境电商对于从业人员是否了解当地消费者的生活方式、消费习惯，是否具备国际贸易、跨境物流等方面的知识，是否熟知各个国家的相关法律政策等方面，都有较高的要求。

在中国，跨境电商是一个新兴的行业，目前还没有一个完善的人才培训体系，具有丰富实践经验的跨境电商专业技术人员是非常缺乏的，人才供需严重失衡。随着跨境电商的快速发展，对跨境电商人才的需求也在不断增加，而这也将会成为制约我国跨境电商发展的一个重要因素。

（四）加快推进跨境电商的策略

1. 建立健全相关的法律体系

我国目前在跨境电商领域的法律体系还没有完全形成，自 1999 年修订《中华人民共和国合同法》以来，关于跨境电商合同的法律法规制定一直相对滞后。2021 年 7 月 9 日，《国务院办公厅关于加快发展外贸新业态新模式的意见》对外公布，其中提出要在全国适用跨境电商 B2B（企业对企业）直接出口、跨境电商出口海外仓监管模式；便利跨境电商进出口退换货管理；优化跨境电商零售进口商品清单；扩大跨境电商综合试验区试点范围。

跨境电商因其交易的虚拟化和全球化特征，使得自身面临着假冒伪劣商品、跨境售后维权难、消费欺诈等诸多问题。这些问题给跨境电商带来了十分严重的挑战。因此，想要促进跨境电商的进步与发展，需要建立健全完善的市场监管制度、加速监管信息平台的建设、构建跨境电商跨部门信息共享与协调机制。

另外，在建立我国电子商务法律制度的过程中，应当注意以下三个方面。

第一，立法应当符合我国国情，符合我国跨境电商发展的实际，在规范交易行为、维护多方利益、保障交易安全的同时，也应当充分保证跨境电商发展所需要的公平、自由的交易环境，以推动跨境电商的健康发展。

第二，要将有关跨境电商的法律法规与我国现行法律法规相结合，形成一套完备的跨境电商法律体系。

第三，应当认真思考我国跨境电商相关法律和各个国际商法等通用法律体系之间原则的统一。

2. 建立健全结算支付体系

长期以来，我国跨境电商的结算支付体系一直存在着监管不足的问题，当前，我们的首要任务就是要根据中国的实际情况，结合跨境电商的发展情况，逐渐总结出一些有益的经验，对直购进口、保税进口、保税出口、一般出口等四种运营方式进行改进。同时，要积极推进结算支付的体制改革与体

制创新、探索新的途径、解决新的问题，逐步构建一个信息化的结算支付管理平台，大力推广在实践运用过程中较为成功的支付结算模式，最终实现业务流程的简单化、缩短交易周期，进而解决国际结算过程中因多种制约而产生的问题。需要注意的是，应当以便利跨境电商的买卖双方作为原则，强化监管，防范在结算支付中可能存在的各类风险，从而有效地促进跨境电商的良好发展。

3. 规范整合物流体系

电子商务能够不断进步和发展的重要支撑是物流系统。而跨境电商的不断发展，也为我国的传统物流系统提出了新的要求，带来了新的挑战。跨境电商的持续升级，除对物流体系的需求不断增加以外，对于物流体系的品质和速度方面，也提出了一些新的要求。从目前来看，在跨境运输这一方面，我国的物流系统还存在着很多需要改进和提升的地方。针对跨境电商各项业务中所涉及的物流问题，我们应该注意以下两个方面。

第一，应当对于已有的多种物流体系进行整合，强化不同物流企业、各种物流模式的协作，建立一个一体化的物流信息化平台，从而实现对跨境物流的集中、统一管理。同时，通过对物流行业的法律制度、规则进行相应的完善，进一步对物流体系的运行效率进行有效的监管和调节。

第二，对于物流体系的创新力度要加大，要大力推广和发展"海外仓"等新型的物流模式，重视将新型的物流模式与生产性服务相结合。与此同时，要加大生产性服务业，例如信息技术、物流管理平台等对于跨境电商的支持力度，从而使高效的跨境电商物流体系能够得以构建。

4. 加强国际营销投入，打造国际品牌

其一，企业自身要树立起全球化的营销理念。从跨境电商这一领域来看，要制定以中长期作为时间维度的营销策略，适当地加大在国际营销方面的投资，以促使产品的知名度能够得到提高。在国际市场营销中，对于消费者信息的搜集和研究，应当予以重视。与此同时，面对不同的国家与地区，要对其文化、习俗、消费模式、政治环境等方面的信息进行全面、深入的了解，从而根据其实际情况来制定相适宜的国际营销策略。

其二，应当注重品牌的树立。从目前来看，跨境电商的商品同质化现象十分严重，且同类型的公司之间的竞争更加激烈。对于中小企业而言，当大型企业采用低价格的策略时，它们就没有任何竞争优势了。但是，品牌效应对于这种情况起到了很好的缓解作用。消费者在进行购物时，往往会选择品牌公司，因为在某种程度上，品牌代表着品质的保障。而这就要求跨境电商在创建和发展的过程中，对于品牌的树立的这一方面，应当要予以充分的重视。在跨境电商的活动中，要充分地发挥自身的优势，努力创建具有国际影响力的电商品牌，进而将国际营销和品牌化策略有机地结合起来。与此同时，要结合自身的现实情况，大力发展具有中国特色的品牌，大力推广具有中国特色的品牌文化。

5. 加大人才培养力度

能够调动多方的资源，能够多渠道地对人才进行引进和培养，是解决跨境电商中人才供需矛盾的关键所在。

第一，应当发挥好高等院校的作用，加强对于跨境电商复合型人才的培养。具体来讲，各所高校应当制订培养方案，有针对性地对人才进行培养，在对和跨境电商相关的课程进行合理安排的同时，还要注意与实际情况相联系。此外，对于跨境电商的职业教育，也要予以相应的重视，要培养专业的技术人员，以适应和促进跨境电商的良好发展。

第二，对于各方资源，应当进行充分利用。应当鼓励企业对跨境电商相关从业人员进行职业培训，在实践的基础上，切实提高员工的业务能力和业务素质。

第三，应当加强跨境电商企业与高等院校、高职院校的沟通与协作。构建产学研一体化的人才培养和教学平台，有效提升在校学生的实际操作能力，从而使跨境电商从业者的整体素质能够得到有效提升。

第四，加大对境外优秀人才的引进力度，充分学习与借鉴发达国家关于跨境电商发展方面的成功经验，与中国企业的现实情况相结合，开展国际人才交流活动，从而让我国跨境电商人才的专业化水平得到切实的提高。

二、加快我国数字贸易发展

（一）数字贸易相关概论

1. 数字贸易的定义

虽然当下全球已经逐渐进入了数字贸易时代，但截至目前，社会仍然没有一个针对"数字贸易"的统一定义。总体而言，不同的国家或国际组织对数字贸易的定义和范围各不相同，最狭隘的定义方式是将数字贸易定义为数字化产品的贸易，而更广泛的数字贸易定义是利用数字技术（ICT）进行的商业活动。其中，数字技术是指"互联网、手机以及所有其他用数字方式处理信息工具的有机组合"。一方面，数字技术促进了区块链技术的运用，推动了交易便利化；另一方面，数字技术通过改变数据处理方式，促进了贸易新形态的诞生。值得一提的是，国际性的组织也不都使用"数字贸易"这一新词汇，取而代之的是"电子商务"这一概念，下面列举了一些国家和组织对数字贸易的定义。

（1）世界组织的定义

世界贸易组织（WTO）并没有采用"数字贸易"这种表述，而是采用"电子商务"这个概念，并将其定义为"通过电子方式生产与销售或交付货物和服务"。这一定义早在 1998 年第二次部长会议设立的"电子商务工作计划"中就被提出了，但在随后近 20 年时间里，该议题未充分得到重视。目前 WTO 中的各类文件都开始使用"数字贸易"的概念。但是 WTO 对数字贸易的理解较为宽泛，只强调了其电子化的交付方式，并没有关注贸易的内容，并且规定跨境购买是数字贸易的主要方式。

联合国贸易和发展会议认为，数字贸易涉及搭配实物商品以及以数字方式提供的无形（数字）产品和服务。联合国贸易和发展会议的定义有以下两个方面的特点：第一，对使用技术的界定。世界银行和世界贸易组织虽然提及了数字贸易是"数字化的贸易"，但没有指出该数字化技术的具体表现形式，这使得世界贸易组织的定义在被实际运用时缺乏明确的技术指导。而联

合国贸易和发展会议的定义明确了这种"数字化技术"实际上是对计算机技术的拓展运用，通过计算机的端口连接各个交易主体。第二，对贸易货品的界定。世界银行和世界贸易组织认为数字贸易的标的物是传统货物与服务，但是对传统货物的界定比较模糊。联合国贸易和发展会议明确了传统货物为实物货物与非实物货物，这使得诸如知识产权等无形资产也可以被纳入数字贸易的范畴。

（2）美国的定义

美国国际贸易委员会（USITC）于 2013 年在《美国和全球经济中的数字贸易》第一次报告中指出，数字贸易是指能够采用在线支付的方式获得的服务与产品，包括音乐、书籍等数字化内容，社交媒体、搜索引擎与移动App 等数字化服务产品。在第二次报告中，USITC 将数字贸易界定为"互联网以及基于互联网的技术在产品和服务的订购、生产或交付中扮演重要角色的国内和国际贸易"，同时界定了美国的七大类数字化密集型行业：内容行业、数字通信行业、金融和保险行业、制造业、零售交易、批发交易以及部分其他服务业。报告的第二部分认为数字传输内容、通过云端传输数据服务也是数字贸易，并且该报告将物联网和 3D 打印认定为数字贸易的形式。

美国贸易代表办公室于 2017 年发布的《数字贸易的主要障碍》报告认为，"数字贸易"包括实现制造业升级所必需的平台以及通过互联网进行的商业活动。

（3）中国的定义

中国商务部认为，数字贸易是采用网络技术，通过数据交换实现电子交易的商业模式。数字贸易因其专业化程度高，客观上造成了不同人群、不同国家、不同地域发展的不平衡；同时又因为数字贸易实时的跨境交易特征，更涉及跨国安全新问题，给国际合作、多边贸易体系带来了新问题，知识产权保护也因此变得更为复杂，各国保护主义将更严重。

2. 数字贸易的范围

根据数字贸易的定义，数字贸易的范围包括传统的以货物贸易为标的的

电子商务和以服务贸易为标的的电子商务。通过互联网提供的数字产品货物和电子商务服务，是全球经济不断增长的源泉。此类产品和服务正在改变企业信息交互的方式。数字产品和服务是一对互补的数字生态系统，依靠并推动了互联网访问和启用终端智能设备的需求。拥有大量数字贸易的集团公司正扩大其在数字贸易中的业务。本书侧重介绍狭义的数字贸易，包括通信服务、娱乐、社交网络、信息搜索以及电子商务。

该部分沿用美国国际贸易委员会在《美国和全球经济中的数字贸易》第一次报告中对数字贸易的分类。之所以不使用美国国际贸易委员会在《美国和全球经济中的数字贸易》第二次报告中对数字贸易的分类，主要出于以下三点原因：首先，第二次报告中对数字贸易标的范围的界定是对第一次报告的具体化，其实质性内容并没有发生根本性变化；其次，第二次报告中并没有专门针对搜索引擎的分类，但是该部分构成了数字贸易中的重要组成部分；最后，第二次报告为了使研究更加聚焦，排除了一些劳动密集型产业，在一定程度上缩小了数字贸易的范围。数字贸易的分类如表 4-3-1 所示。

表 4-3-1　数字贸易的分类

数字贸易的类别	数字贸易包含的产品与服务
跨境电商	媒介对消费者的购物模式（M2C）
	面向消费者销售产品和服务商业零售模式（B2C）
	消费者对消费者的零售模式（C2C）
	供应商和消费者之间实现交易的平台（B2C）
数字传送的内容	音乐
	游戏（包括完整格式和手机游戏、社交网络游戏和在线多人游戏）
	视频（包括互联网电视、电影和其他视频）
	书籍（包括电子书籍、数字课程资料和有声书籍）
社交媒体	社交网站
	用户评论网站
搜索引擎	通用的搜索引擎
	专门的搜索引擎

数字贸易的类别	数字贸易包含的产品与服务
其他数字产品和服务	软件服务，包括移动应用程序和通过互联网的交付软件
	通过云交付的数据服务，包括数据处理和数据存储
	通过 Internet 提供的通信服务，包括电子邮件、即时消息传递和 Internet 协议语音（VoIP）
	通过云交付的计算平台服务

（1）以数字化交付的产品

以数字化交付的产品本质上是指传统内容商品的在线版本，包括互联网传送的音乐游戏、电影、电视、广播和书籍等。向消费者提供此类内容产品的公司既可以选择在互联网上实现线上销售，又可以改变其物理承载介质，实现线下销售。但是，只有在互联网上实现线上交易的部分属于数字贸易的范围。虽然越来越多的数字化产品通过互联网实现买卖，但需要看到的是，以数字化交付的产品在销售绩效以及市场占有率上与传统内容市场相比还存在显著的差异。

① 在线音乐

在线音乐是以数字化交付产品中最为重要的一类数字化产业。与线下音乐不同，在线音乐比较容易受到互联网技术变革的冲击，但是这依然不妨碍其成为数字贸易中交易额最大的数字化产品。以美国为例，美国音乐唱片行业的交易额在 20 世纪末虽有所下降，但是依然维持在 70 亿美元左右。中国的在线音乐起步较晚，且明显分为两个时期：第一个时期为 20 世纪 90 年代至 2003 年前后，在线音乐刚刚兴起，用户可以免费下载并使用音乐文件；第二个时期以 2005 年为界，下载使用歌曲需要付费，但是同时期中国在线音乐交易数量上升，相关产业的收入也不断增长。这种销售收入的变化，可能是因为中国知识产权保护意识的加强，一方面提高了在线盗版在技术上的壁垒；另一方面在法律上也禁止相关"搭便车"的行为。《中华人民共和国知识产权法》的确立，使得以数字化呈现的在线音乐产品不再享有点对点数据传输的便利，自此大规模的音乐文件共享被视为侵犯作者版权的违法行为。

互联网技术的运用推动了在线音乐服务的形成，例如 Apple 的 iTunes，采用有偿服务的方式提供在线音乐的下载。在线音乐的收入主要来源于两个方面：一是下载；二是流媒体服务。其中，下载音乐文件带来的收入是在线音乐的主要收入来源，占在线音乐收入的四分之三左右，而音乐流媒体服务的总收入约占四分之一。所谓音乐流媒体服务是指包括付费订阅服务（如Spotify）、非互动服务（如 Pandora One）和非订阅服务（如 YouTube）在内的在线服务模式。值得一提的是，音乐流媒体服务正在逐步取代下载，成为在线音乐的主要收入来源。近些年，虽然许多音乐流媒体公司是初创型互联网公司，但大型科技公司（如苹果、亚马逊）也正在开发自己的流媒体服务。此外，许多广播电台现在也可以提供在线广播以及实现数据网上传输的功能。例如，Clear Channel 拥有 840 家国内广播电台，已经成为传统媒体公司成功实现在线交易的经典案例。

② 电子游戏

基于互联网编程系统开发的电子竞技游戏也是数字贸易的重要组成部分。传统的电子游戏有两种基本的体验方式：一是用户可以体验下载免费的或者需要收费的在线游戏；二是用户也可以在线下载实体店购买游戏软件以便安装相应的游戏。以数字化交付方式的引入，使得用户可以直接在互联网上体验网页版游戏，例如社交网络游戏。移动终端的引入使得用户也可以在手机或者平板电脑等便携式互联网连接设备上体验游戏，以及与在同一局域网端的个体实现在线互动游戏，与其他用户对战是电子游戏体验的核心功能。近些年，电子游戏的发展呈现出良好的势头。

通过移动终端下载、订阅游戏全部内容，独立 DLC 在内的游戏体验方式占整个在线社交游戏体验量的 40%，并且每年以 20% 的速度增长。最常使用的在线社交游戏是休闲类游戏，包括谜题解答、棋盘游戏、化妆游戏以及纸牌游戏。其次是角色扮演、即时战略以及体育类游戏。最不受欢迎的是迷宫类游戏。互联网游戏的多样性极大增强了消费者对游戏的选择性，消费者可以通过多种渠道下载游戏。这些渠道包括分布式网络、游戏开发网络以及控制台网络，这些下载渠道也使得消费者更容易通过移动终端的应用商店和

运营商服务体验不同的游戏。

就休闲游戏而言，其特点是控制简单，受众群体较为广泛，游戏的体验性较好，游戏不收取费用以及微盈利的商业模式，通常通过用户在游戏中购买额外的游戏功能，或访问其他游戏以获取收益。这些游戏常常由较为专业的跨国软件出版商发布，如 Activision 和 Electronic Arts，但是也会由小型和初创软件开发商与游戏发行商提供。就角色扮演游戏而言，其身临其境的代入感是该类游戏吸引广大用户的重要原因。相比大型游戏，其具有占用内存较小、下载方便的特点。角色扮演游戏在全球拥有数千名用户，例如魔兽争霸，虽然游戏本身可以下载，但是如果要在线使用，就需要额外支付一笔费用。此外，这类游戏还具有用户体验良好、及时交流便捷的特点。对于在线游戏而言，一个重要的获利渠道是拥有独立的游戏开发团队，运用自己的服务器开发相应的游戏，可以使得游戏开发商获利更多。

③ 视频

数字化的视频分为广播电视、有线电视、电影院等，视频的表现形式较为多样，视频的传播介质也较为多样。就视频的观看方式而言，消费者既可以观看广播电视频道上的电影，又可以通过购买使用 DVR 技术的 DVD 或租借的 DVD 录制内容，以便今后点播观看。因为视频内容、视频播放以及视频传播介质具有不可分割性，每一个试图观看视频内容的个体都需要部分有偿地使用上述功能。一方面，部分视频制作方可以提供有偿的视频服务；另一方面，视频播放平台可以通过将广告收入货币化，补偿其运营成本。但是无论采用哪一种方式，最终的目的都是提高视频的收看率。

不可否认的是，互联网技术的运用推动了新形式的视频消费。与 Netflix 和 Hulu 上的长版电视剧集和电影不同，短视频与传统的离线式视频观看方式形成竞争，而短视频在很大程度上是互联网独有的。基于互联网交互技术的新视频体验模式正在改变家庭视频娱乐的方式。

④ 书籍

以数字化交付的电子图书也是数字贸易的重要组成部分。对于图书的商业出版而言，因为图书的出版行业在线交付的速度比其他内容性行业要慢，

所以印刷出来的纸质版图书依旧是图书市场的主力军。

（2）社交媒体

该部分阐述了两种社交媒体：社交网站和用户评论网站。社交媒体与以数字化交付的产品之间并非泾渭分明。例如，很多大型游戏具有自己独立的社交组件，即允许用户创建在线身份，并通过文本聊天或者麦克风实现现场直播。在线报纸也允许用户对文章进行实时评价，或者组织交互式讨论，并允许将讨论的内容重新上传到社交网站上。许多网站本身也能够提供用户评论区的链接。正如前文所述，社交媒体正在与以数字化交付产品实现多角度融合，成为发现和共享视频、音乐以及联网游戏的场所。例如，Twitter（推特，一家美国社交网络及微博客服务的公司）于近期推出的移动音乐应用程序，允许其用户播放 iTunes、Rdio 和 Spotify 等平台开发的音乐。

① 社交网站

近期，社交网站越来越受到关注，因为它从传统的社交功能转变为支持和诱发商业活动的功能。社交网络已经融入数百万用户的生活中，并且越来越多的用户是通过移动应用程序而不是通过计算机来访问社交网站。人们花在社交网站上的时间比其他类型的网站多，其中有五分之一的时间是用在计算机端口访问的社交网站，有三分之一的时间是用在移动设备访问的社交网站。社交网站允许用户彼此连接以共享信息，同时用户可以发布图片、文字、视频，分享实际位置等信息，并可以直接通过分享链接，发布其希望分享的内容，方便与其他用户联系。社交网站通过将网站上的文章、电影以及收听的音乐等链接到用户的社交网站配置文件中，使用户能够较为便捷地跟踪和分享他们的互联网体验。

首先，社交网站通常以租售广告时间或者广告空间来获得收入。消费者在社交网站上所花费的时间，为社交网站平台投放广告提供了较好的时间条件，并且社交网站平台所接触的群体范围扩大，有利于发现潜在的顾客群体。网站的广告收入占所有广告收入的份额较大，并且该收入大多来源于零售行业的广告投入。其次，社交网站能够通过提供品牌服务向消费者收费。社交网站允许消费者在其平台上发布"喜欢"或者"关注"某一产品或者品牌的

信息。这实质上为产品或者品牌提供了免费的口碑广告，而社交网站也会通过有偿订阅相关内容的方式向消费者收费。最后，社交网站也会通过开发专业应用而向特定群体的消费者收费。

社交网站被看作商业活动中的营销工具，可以帮助企业宣传自己的产品与服务。一是业务推广。企业可以在社交网站上购买或者租赁广告席位，开发新的客户或者维持老客户，可以通过发布相关产品与销售信息以及通过与用户互动的方式获得市场认可。二是客户服务。企业的社交网站也是客户服务的平台，客户可以通过网页版的交互式谈话，评论或者询问产品和服务的相关问题。三是内容传播。社交网站还能提供诸如发布新闻、下载音乐和视频的服务，相关内容可以通过超链接的方式直接与原网页相联系。

② 用户评论网站

用户评论网站作为社交媒体的重要表现形式，也是数字贸易的重要组成部分，其通过降低交易成本与信息成本的方式获益。用户评论网站汇总了用户生成的主要信息，使用户获取这些信息变得简单，用户可以便捷地通过这些信息评估各种商品和服务的价值。

③ 搜索引擎

互联网搜索引擎在数字贸易中有着重要的作用。一方面，搜索引擎可以引导用户访问相应的互联网内容；另一方面，搜索引擎又可以在用户对互联网内容的需求中获益。搜索引擎的用户能够通过搜索相关内容（例如网页、图像或其他数字文件）来浏览互联网，而所浏览的内容通常根据复杂的算法自动编入索引程序。一般而言，搜索引擎只是起到中介的作用，它们只是将用户与第三方提供的网络内容联系起来，而不是展示搜索引擎的内容，或者决定哪些内容是可以被传播的。搜索引擎通常并不是通过向用户收取服务费用获取收入，而是通过租赁在线广告的形式获取收入。例如，Bing（一款由微软公司推出的网络搜索引擎）和雅虎都是基于拍卖机制的广告租赁模式，旨在提供与查询相关的广告并以此获利。这种基于广告商收费、用户免费使用的运营模式，在观众流量非常大或者观众较为专业时，能为搜索引擎公司带来不菲的收益，虽然广告的收入相对来说较小，但是网络庞大的数

据流量使得该商业模式依然有利可图。通用搜索与专业"垂直"搜索引擎之间存在竞争。专业搜索引擎是指以特定主题为可搜索信息边界的搜索引擎。专业搜索引擎包括 Kayak（旅行搜索）、Monster.com（求职）和 WebMD（健康搜索）。

移动设备的发展正在改变现有的搜索趋势。用户不再是通过计算机终端的方式访问互联网，而是越来越多地通过移动设备访问互联网。因此，他们较多地使用应用程序访问互联网内容，而较少使用浏览器浏览网页。2012年，通用搜索引擎的搜索数量下降了 3%，主要是因为用户更多地使用移动搜索平台，并通过其他互联网站点转向更专业的特定主题搜索。当用户直接导航到专业搜索站点时，通用搜索引擎的搜索量就会下降。同时，通用搜索引擎也面临来自电子商务网站和社交网站的竞争，因为用户想有更个性化的网络。

（3）其他数字化产品和服务

① 通过云交付的软件服务

数字化技术的运用改变了以往软件公司的生产方式。传统的软件生产需要借助物理介质，例如 VCD 和 CD，而通过云交付的软件服务正在逐步强化软件存储与计算功能，使得在移动设备上运用软件服务成为可能。

美国依旧是最大的云交付软件服务市场，其次是欧洲以及亚太地区。近些年，亚太地区的云交付软件服务增长较快，这可能与其移动设备用户的增长有关。新兴经济体在云交付软件服务中所占份额预计将在未来五年内增加一倍。

值得一提的是，对政府而言，软件服务技术具有成本低、收益快的特点，可以更有效率并且更透明地为公众提供公共服务。这类服务包括在线报税、更新驾驶执照与营业执照、提供安全信息等。对程序开发商而言，较高的软件服务采用率预示着相应移动设备应用程序的更新，越来越多的用户可以通过无线传输的方式享有软件服务。

② 通过云交付的数据服务

数据服务涉及数据的处理与数据的储存。中小企业是使用云技术处理数

据的重要客户，它们往往通过外包的方式，雇用第三方帮助其处理和储存数据。中小企业受益于最新的 IT 技术，不需要自行建造大型数据存储的基础设施，例如数据服务器以及数据存储系统，也不需要单独雇用处理数据的 IT 技术专家。中小企业可以根据自身的需要购买相应的云服务，这使得那些存在资金约束的中小型企业可以节约其在生产活动中用于投资 IT 基础设施的成本。此外，云服务具有易于拓展的优点，这意味着中小型企业可以及时调整所使用的云服务来实现储存数据的灵活化，进而减少购买 IT 硬件所带来的调整成本。

就数据处理而言，云计算技术使得数据中心更加灵活，功能更加强大，效率更高。现代意义上的数据中心始于 20 世纪 90 年代，通常是指公司内部的数据服务器库或者是主机托管设备。现代的数据中心是提供数据托管服务的专用网络站点，是网络云服务技术与托管的组合。将近六成的数据流量是经过云设施处理的，有不到三成的数据流量是由传统的企业内部数据中心设施处理的。2016 年，经过云设施处理的数据流量已经增长了近一倍，互联网连接设备所产生的大量数据，以及云计算提供的数据处理服务，是诱发许多行业使用云工具处理数据的关键因素，而使用云服务计算数据通常被称为大数据分析。这一新兴的数据分析领域正在被众多的公司、事业单位以及金融机构等经济活动参与者所接受，这些参与者将其用来处理非常大的数据集。其中，社交媒体的交互式数据分析、销售终端的商业交易以及智能通话设备的即时通话与地理位置分享都是大数据分析的具体应用。

③ 通过互联网提供的通信服务

这类服务包括电子邮件、即时消息以及互联网协议语音。企业通常也会把通信服务外包给第三方，例如，企业并不是自行采购和管理自己的通信服务器，而是使用"虚拟服务器"（通过互联网访问的服务器）来提供电子邮件，或者基于互联网的其他通信服务。就电子邮件而言，基于云技术的电子邮件，用户可以通过移动设备终端访问其电子邮件，并且用户可以与电子邮件的服务器保持长期连接。作为一种商业服务，消费者可以通过其手机终端以及平板电脑终端等互联网连接设备，免费享有电子邮件的服务。用户可以

通过任意连接互联网的计算机与设备访问其电子邮件。作为基于云的应用程序，当收到新电子邮件或者用户删除电子邮件时，所有互联网电子邮件用户的设备上都会出现相应的更改信息。就即时通信而言，即时通信与电子邮件本质的不同在于参与交流双方对通信的同步感知性。即时通信应用显著的特点便是支持云功能，用户之间可以随时随地与对方交流，这也使得即时通信越来越受到欢迎。移动技术的发展，使用户可以借助标准的移动电话、智能手机以及平板电脑等便携式设备享受即时通信服务。不仅如此，很多企业也将即时通信用于其商业交流。就互联网协议语音而言，其是指由互联网提供的通信和多媒体。作为传统陆线通信的替代方案，企业和政府越来越多地在工作场所使用互联网协议语音作为主要的通信方式，这可能因为互联网协议语音相比较传统的电话通信，其成本更低。Skype 最先推出了面向消费者的电视电话通信服务，对大众用户而言，其可以免费提供即时语音和视频通话服务，但是对企业用户而言，其更多的是提供面向业务拓展的收费项目。如今，针对企业的互联网协议语音服务已经演变为可以为企业提供通信的"一条龙"服务，即可以作为独立的单元，通过移动设备同时处理语音邮件、电子邮件、Web 会议等所有的通信需求。美国社会保障局正在将其 63 000 名工作者的现场办公室从传统电话设施转变为互联网协议语音设施。可见，互联网协议语音服务已经成为许多发达国家主流的通信手段。

④ 通过云交付的计算机平台服务

将数据存储服务器以及即时通信服务器外包给第三方公司实现云交付，需要搭建一个可以彼此信赖的平台。该平台一方面要保障服务器的正常运行以及数据存储、使用的安全；另一方面，数据的使用方也需要通过平台创立相应的账户，用来连接服务器端口。计算机平台服务为数据的存储使用、应用程序的开发和管理提供了服务器运行的外部环境。一般情况下，用户需要使用云交付计算机平台服务供应商提供的网络、服务以及存储功能，以付费的方式在互联网上创建和运行相关程序。云交付的计算机平台服务可以为用户节约成本并提高效率，同时在不购买基础框架的情况下实现信息功能的现代化和应用拓展。对小企业来说，每小时支付一笔资源费用，就能够

访问一些原本存在禁止准入的网站或者享有原本成本过高的服务，这也使得云交付计算机平台服务在中小企业之间备受欢迎。许多企业采用了微软Windows Azure对于云交付计算机平台服务的解决方案，因为其具有可拓展性和易用性。

3. 数字贸易的特征

（1）内在属性

① 交易过程的虚拟化

数字贸易交易过程的虚拟化表现在三个方面：首先，交易介质的非实物性。表现在无论是生产过程还是交易过程中，都使用数字化知识与信息作为传输介质，实现无纸化以及交易承载物的非实物化，即介质要素的非实物化。其次，交易平台的非实物化。相对于传统贸易的面对面交易，数字交易是在虚拟化的互联网平台上进行，该平台负责交易的运作以及保障交易的安全，即交易平台的非实物化。最后，交易方式的非实物化。不同于传统贸易中的纸币交易，数字贸易的交易通常使用电子支付的方式，即交易方式的非实物化。

② 交易资源的集中化

其一，交易资源的组织化。在数字贸易中，交易资源通过交易平台形成集聚，降低了信息的找寻成本。互联网企业常常采用平台化的运行模式，其中以淘宝为典型。不仅如此，传统企业也会借助平台吸收外部资源，提高自己的创新能力。其二，交易资源的集约化。数字贸易的便利性，使得生产要素比较容易集聚，可以实现要素节约型技术进步，带动要素的集约型投入。互联网平台有效地减少了交易中的信息不对称问题，使得交易效率不断提升。

③ 交易个体的广泛化

其一，市场进入门槛降低。数字贸易使得传统贸易中的空间受到限制，准入门槛等不再成为阻碍贸易的因素。数字贸易可以转变贸易弱势群体的地位，使其广泛地参与贸易活动，并且从中获利。其二，市场标准化程度降低。数字贸易拉近了消费者与生产者之间的距离，使得个性化的需求得以在贸易

中获得满足。单一标准的产品很难在市场中获利，而定制化产品与服务可能是新一轮数字贸易竞争的决定因素。之前的长尾产品（原来不受重视的销量小但种类多的产品或服务）可能成为数字贸易的重要标的。

④　交易参与者的体系化

在传统贸易的背景下，只有生产者与消费者之间才需要订立合同，完成契约。但是在数字贸易的背景下，因为中介方的加入，平台、交易双方都需要遵守一定的规章。在这一体系下，彼此之间的联系加强了，形成一个互利共赢的生态体系。例如，将产品链与资金链进行整合，为产品生产、融资与销售提供一站式服务，能够使得贸易融入电子商务数据服务合作体系。

（2）外部属性

①　交易技术的前瞻化

信息通信技术、数字交换技术和互联网技术是数字贸易的技术支持。大数据、云计算和移动互联网不仅能让数字贸易的规模得到扩大，还能让贸易的成本得到极大的降低。而数字贸易能够得以产生、数字化的传统贸易能够逐渐变得更加快捷，也都是源于交易技术在不断地进步和升级。

例如，交易技术的演进拓展了传统贸易的采购方式，使得原先的面对面采购逐渐被网上的企业采购所取代。原先需要手工操作的工序，通过制造智能化，可以实现劳动力的解放。同时，交易技术可使得过往的交易数据得以保存，有利于企业依据过往的数据进行交易判断，可大大降低交易过程中的道德风险与逆向选择。随着数据基础设施的不断完善，数字服务提供商为数字贸易的诞生奠定了现实基础，无论是电子捕获还是形成传送数据的中心，交易技术都使得消费者可以直接接触这些数据，并通过一定的数据分析比较不同产品之间的差异。此外，个人终端与数据基础设施的对接也大大降低了商业使用成本，扩大了贸易范围。

②　交易运用的普适化

其一，数字贸易可以被运用到传统制造行业。制造行业的智能化是数字贸易带来的重要历史变革。制造行业的智能化不仅是指诸如汽车行业、高端设备制造业等资本密集型行业从生产到销售的智能化，还应该包括诸如纺织

行业等劳动密集型行业的智能化。在传统产业数字化转型的背景下，数字贸易不再是实现商品的交换，而更应该承担起智能制造的重任。数字的传递可以为产品的研发提供更多的外部智力支持，为产品的销售提供多样化的渠道，能够对生产工艺进行柔性化改造，最终可实现全社会生产的智能化升级。

其二，数字贸易拓展了供应链。今天的供应链是通过市场营销、产品开发、制造和分销，并最终落到客户手中的一系列离散的、孤立的步骤。数字化打通了这些"墙壁"，形成一根链条，变成一个完全集成的生态系统，所有参与者，包括原材料零部件供应商、供应品和成品的运输商以及最终的客户都能得到满足。这个网络将取决于一些关键技术：综合规划和执行系统、物流可视性、自主物流、智能采购和仓储、备件管理和高级分析。结果将使公司能够对供应链中断做出反应，甚至能够预测它们，也能够通过对网络进行全面建模，创建"假设"情境，并随着条件变化实时调整供应链。

（3）数字贸易与传统贸易的比较

① 相同之处

第一，需求本质相同。贸易的本质是货物交易，在古代自给自足的社会中，随着生产技术的提高，开始有了生产盈余，人们在满足了自身的生活需要后，会通过货货交换的方式满足其对另一货品的需要，以达到分工的专业化和商品的多样化。即使在今天，贸易的物物交换本质仍然没有发生变化。对数字贸易而言，也存在数字化产品、数字化服务与数字化生产要素的时空转移，因而这并没有改变贸易作为交换活动的本质。

第二，理论基础相同。比较优势理论是贸易的理论基础。比较优势理论诠释了在"没有优势的"情况下，通过专业性分工，每个地区也能获利的经济现象。这一理论总结了贸易发生的动因，并将这一动因归结于各个地区的成本优势。因而，专业化的生产可以使得每个地区的社会福利水平提高，这也是数字贸易产生的动因。

第三，对资源的要求相同。一是促进资源流通。贸易通过价格机制有效地配置了流动性的资源，并通过资源的流动平衡了各个地区的供求关系。二是促进信息共享。确保信息获取与传递的过程中不存在不对称的现象，进而

实现信息的有效传播与利用，并保证信息的即时性与准确性。三是推动产业发展。一方面，有利于产业的技术进步，使得交易群体较为便利地获取技术；另一方面，促进资源合理利用。产业的发展需要高密度的资源流，通过资源流动，产业可以及时获取外部知识，推动产业创新。

②　不同之处

第一，产生背景不同。重商主义的发展以及工业革命的前期孕育了传统贸易。交通运输方式的改变以及新的生产方式的出现大大促进了劳动分工，正是在这种情况下，传统贸易得以诞生。但是只有当信息技术普遍运用于我们的生活之中，数字技术将引导第四次工业革命，并带来生产方式的进一步变革以及生产资料的进一步丰富时，才会诞生数字贸易。

第二，经济影响不同。传统贸易促进了各国利用比较优势进行生产分工，同时利用规模效应与范围经济扩大生产规模；在一定程度上通过降低成本的方式推动了经济的发展，但是传统贸易容易产生价值链锁定效应，导致贸易主体地位的禁锢。而数字贸易将改变目前的全球分工体系。一方面，数字贸易中的劳动分工会打破原有的价值体系，使得各地区在新的贸易浪潮下重新定位，从而再次构建全球范围的贸易结构；另一方面，数字贸易要求更有效率的政府治理体系与法律体系，从而对数字贸易这一新兴领域进行监管。值得一提的是，数字贸易还会改变原先的供应链，提升供应效率。

第三，交易过程不同。其一，交易周期不同。传统贸易受价格的影响较为强烈，本身抵御汇率风险的能力有限，因而经济波动对其影响更大。但是数字贸易的不确定性可被数字技术所吸收，使得原先的地理距离等空间限制不再成为制约贸易的重要因素。其二，行为主体不同。生产者与消费者是传统贸易的主要参与者，但是缺少面对面直接交易。数字贸易却融合了第三方交易平台，可以使得交易主体进行即时通话，进而保证信息传递的有效性，并且数字贸易更加注重消费者的多样化需求。其三，交易标的不同。生产要素与实物商品是传统贸易的主要标的，而数字贸易不仅包含了数字化的传统贸易商品，还包含了通过互联网等数字化手段传输的数字产品与服务。其四，交易方式不同。传统贸易需要场所以及纸质凭证，而数字贸易实现无纸化交

易。传统贸易需要进行实物运输，例如海运等，而数字贸易主要通过投递的方式寄送；部分跨境电商企业采取海外仓、保税仓模式，数字产品与服务的贸易则采取数字化的递送方式。

（二）中国数字贸易发展模式、应用场景

1. 中国数字贸易发展模式

（1）发展高端数字贸易业态模式

充分发挥国家政策以及周边人才和资金优势，大量储备高端人才和知识，以研发、溢出和带动为主要形式。重点探索数字贸易的规则标准基础设计和监管，着重发展数据交易、数字内容等高端数字贸易业态。该模式适合区位条件好、发展定位高、开发程度低、地区政策好的区域，能够吸引优质企业和人才；注重"无中生有"，统筹创新资源、数据、人才等要素，加快培育全球领先的创新团队，建设国家实验室，完善"政用产学研"协同创新机制，提高研发实力。该模式重点探索数字产业的发展路径，激活新要素，构建适应数字生产力的新型生产关系，制定数据生产要素高效配置机制，带动全国数字经济的发展氛围；大力推进政务数据共享开放，打通政府和企业间的数据流动通道，加速实体经济的数字化转型。该发展模式以雄安为代表，为推动京津冀协同发展和建设世界级数字贸易示范区提供支撑。

（2）以贸易数字化为主的发展模式

以贸易数字化为主的发展模式，指本身已经具备很好的货物贸易与服务贸易基础，以转移、孵化、应用为主的发展模式。该模式适合工农商业基础好、开发程度高、交通发达的地区，这些邻近创新资源和要素丰富的地区或特大城市，往往具有良好承接数字创新要素转移和成果转化的地缘优势，以及雄厚的货物贸易、服务贸易基础。该模式应聚焦数字贸易集群化发展，注重"有中生优"、创新开放，从而获得新动力和新增长，布局发展科技含量高、带动能力强的高成长性产业，引入一批具有国际影响力和竞争力的一流龙头企业，该发展模式以上海为代表，上海自由贸易试验区有效加快了政府、企业数字化转型，构建了创新数字经济多元协同治理体系，从而带动了长三

角一体化发展。

（3）数字贸易自由港的发展模式

数字贸易自由港的发展模式，是指利用天然物理隔离的地理优势重点发展离岸业务，支持跨境数据自由流动，以创新、引入、开放为主要形式。该模式适合拥有良好的港口投资区位和自由贸易环境、对外开放政策好的地区。通过政策吸引大规模的数字技术、人才、资金流入，实现企业的数字化转型，提升区域创新能力。注重"有中生新"，发展新技术、新业态、新模式，培育"AI＋""5G＋""创意＋""生态＋"企业，加快形成产业发展新动能。同时要瞄准国际标准，发挥服务贸易在自由港的先导作用，把国际贸易投资领域的新变化作为数字贸易自由港建设的重要参考依据。该发展模式以海南为代表。作为离岸自由港，海南自由贸易试验区以发展旅游业、现代服务业、高新技术产业为主导，着力打造重要对外开放门户。

（4）以大数据存储及衍生数字服务为主的发展模式

以大数据存储及衍生数字服务为主的发展模式，是指重点聚集数据这一新兴生产要素，实现数字贸易集群，其主要形式包括应用、共享、合作等。该模式适合自然环境好、资源禀赋优、产业结构待转型的地区。该模式应将大数据放到地区战略位置，建成国内一流的数据资源中心，提供较为全面和专业的大数据分析、挖掘、组织和管理等产业链条服务，利用大数据带动经济社会增长、服务广大民生、提升政府治理能力；注重数据清洗、挖掘、交易等各种新技术、新产品、新业态的开发和应用，充分利用大数据产业先发优势，发展成为国内甚至国际的标杆和样本，从而通过产业聚集效应吸纳优质企业和人才，以大数据推动地区发展全局。该发展模式以贵阳为代表，贵阳虽为欠发达地区，但贵阳凭借区位优势和长远的战略眼光深耕大数据"蓝海"，已经把大数据产业作为后发赶超的核心突破点。

2. 中国数字贸易应用场景

全球产业结构、生产方式、产品形态和内容的变革催生了数字贸易数据，使其逐渐成为企业商业运作的核心，数字贸易已经影响了社会经济的各个领域。数字贸易能够提高企业运作效率，能使贸易更加便利化、人性化，能使

其交互性更强，从而促进不同经济体系的融合和联合创新，激活新的市场领域，推动制造升级和消费升级。

（1）电信、软件服务

① 电信服务

在数字化转型的大潮下，电信行业的产品和服务无时无刻不在被创造和交付。在政府加快推动智慧城市建设的背景下，电信企业开始实施智能化战略，以 5G、物联网、大数据、云计算为代表的新兴业务为行业赋能，虽尚未脱离主营业务独立生存和发展，但正逐渐创造市场份额，并加大自身影响力，数据流量增长将成为数字化转型后企业的主要动能。

② 软件服务

我国软件和信息技术服务业保持稳定增长的发展趋势，软件产业转型升级的关键是提高开发效率和产品质量、降低成本，从"软件制造"向"软件创造"跃进。

（2）跨境电商

目前，我国跨境电商仍以出口为主，但随着国民对海外产品需求量的增大，进口电商市场发展空间变大，预计进口占比将不断提升。其中，考拉海购、天猫国际和海囤全球的市场份额位列跨境电商市场前三位。但随着数字贸易规模的不断扩大，跨境贸易将更加普惠化，原本由大企业主导的对外贸易行业结构正在重塑，越来越多的中小企业将加入国际贸易的分工中。

随着中国消费者购买力的不断提升，跨境电商市场内需也在不断增大。电商法和跨境电商系列新政策的出台进一步规范了中国跨境电商市场，以促进跨境电商行业的健康发展，同时全球化趋势、中国消费者购买力的提升将持续扩大跨境电商内需。对综合试验区内跨境电商按规定给予免征增值税、消费税、企业所得税等政策，支持企业共建共用海外仓、共享平台。

（3）数字内容

数字贸易推动数字文化创意产业发展，它依托社会公共文化资源，催生新数字内容，并广泛运用"互联网＋"、大数据等平台实现内容创造与文化传播，推动数字文化行业之间的交流合作和知识共享，推进数字文化创新。

数字贸易让文化产品和服务供需精准对接，以内容创新为核心，为群众提供多层次、多样化的文创产品和服务。

（4）新零售

新零售以数据为驱动，围绕消费者全方位体验，满足多样化、个性化的消费需求，发展品质零售、智慧零售、跨界零售、绿色零售，通过与互联网、大数据、人工智能等新技术的深度融合，调整商品和业态结构，并加快实体零售企业的创新转型，从而实现无障碍交易和销售新增长。

线下超市、便利店入驻外卖配送体系，企业门店同时作为线上企业配送前置仓，电商企业和实体零售的资源整合与相互引流为消费者提供了更舒适的线上线下购物体验。与此同时，电商平台还面向更大范围开放其包括智能选址、精准营销、会员管理在内的全流程、智慧门店解决方案，促进形成线上带动线下、线下反哺线上的全新交互商业形态。

除了传统的电商 App，一些新的电商渠道，例如具有社交功能的微博、微信和短视频平台等，都得到了迅速的发展并能够互联互通。网红电商所带来的粉丝经济繁荣，使得商家无须入驻电商平台，就可以享受到平台企业所提供的营销、物流、金融、大数据等资源服务。淘宝、天猫、抖音等平台，都是以视频和直播的方式为顾客推荐和提供优质商品。这些平台十分注重顾客购买后的真实体验分享，侧重于用户彼此之间的问答和电商导购。现如今，人们的生活呈现出快节奏的特点，而这一特点在一定程度上让时间成本得到了提高。因此，很多消费者，尤其是家庭消费群体，都会选择 "一站式"的购物方式。

（三）中国数字贸易的发展方式、路径及步骤

1. 中国数字贸易的发展方式

数字贸易的整体发展方式可以被概括为新技术推动形成新模式和新商品，即贸易方式数字化和贸易对象数字化。新模式和新商品的出现，产生了完全不同的贸易影响，推动形成了全新的贸易监管体系。具体来说，新一代信息通信技术的发展使得不同经济主体间紧密联系，形成了更高效、更频繁的分工、协同和共享关系。因而数字商品的可贸易程度大幅提升，从而催生

出了新模式和新商品。

中国数字贸易发展方式核心的内容包括贸易方式的数字化和贸易对象的数字化。

（1）贸易方式的数字化

贸易方式的数字化，指的是在信息技术和传统贸易的开展过程中，各个环节所进行的深度融合与渗透，例如电子商务、线上广告、数字海关、智慧物流等新模式、新业态对于贸易的赋能，进而为贸易带来了更高的效率以及更低的成本。具体的表现有企业跨境贸易方式的数字化、跨境电商综合服务的数字化、跨境电商政务监管的数字化等。

① 案例：数字贸易＋物流

中建材国际贸易有限公司（以下简称"中建材国贸"）创新开展了"跨境数字贸易＋共享海外仓"的对外贸易运营模式，将传统国际贸易模式升级为数字贸易模式。在"跨境数字贸易＋共享海外仓"模式下，非洲买家可以通过"易单网"这一跨境电商平台在线选购商品。中建材国贸提供海外存储、物流服务，保证货物的及时运输，为非洲买家提供"一站式"对外贸易综合服务，致力于在非洲打造"数字外贸生态圈"。一方面，"数字贸易＋物流"的模式采用规模采购与集中物流的方式，降低了企业的采购成本和运输费用；另一方面，"数字贸易＋物流"模式还可以为国外的采购商缩短采购时间、减少资金占用成本，从而能够使其采购的效率与便利程度、顾客的满意度和信赖度都得到极大的提升。

② 案例：数字贸易＋广告

为帮助对外贸易企业在对接海外采购需求，中东国际（MIE）展览集团开放了其海外线下展览会的 30 万采购商资源，整合中东非地区＋多个展览主办方资源，依托"展贸通"线上展览平台，把线下展会搬到线上，力图构建大数据对外贸易生态圈。该集团于 2020 年 6 月 29 日举办的"中国非洲数字贸易周"覆盖了建筑建材、日用必需品、家庭医疗、电力能源、食品农业、酒店家居等六大行业，通过线上 B2B 视频精准配对和高质量商机撮合，实现特殊的跨境"面对面"沟通。

（2）贸易对象的数字化

什么是贸易对象的数字化？指的是数据和以数据形式而存在的商品以及服务贸易。包括三个方面：一是研发、生产和消费等基础数据；二是图书、影音、软件等数字商品；三是将线上提供的教育、医疗、社交媒体、云计算、人工智能等数字服务，表现为贸易内容的数字化拓展。在数字经济时代，云网、端等发展正在改变服务业不可贸易、难以贸易的局面。由于数字商品和服务本身零边际成本的特性，可贸易程度的提升将进一步促进相关产业与贸易的发展。

贸易方式的数字化和贸易对象的数字化，对产业发展、国际分工、价值分配等方面都产生了不同程度的影响，由此推动了新监管的出现。我国监管部门从原来的海关、检验检疫、外汇管理局扩充到了数字内容审核部门、产业安全审核部门、数据流动监管部门等。

① 案例：数字贸易＋社交媒体

数字贸易和社交媒体的融合，最直观的形式就是跨境社交电商。抖音海外版是我国主导跨境社交的典型案例。抖音的成功是中国互联网高普及率的结果。如今这种势头拓展到了海外。抖音凭借其自身所具备的强大技术实力与良好商品体验等优势，成为海外多地民众最受欢迎的应用之一，也让中国文化成为一种外国人触手可及的时尚。抖音海外版 TikTok 上线后近几周都在 AppStore 免费应用程序排行榜中排名第一，在其他国家的排行榜上也名列前茅，在美国的下载量超过 8 000 万次。庞大的使用量为抖音海外版广告的传播提供了媒介。可以说，跨境社交电商重新定义了流量方式和购物模式。从传统的"人找货"模式到数字贸易下的"货找人"模式，抖音海外版等社交电商可以更快地触达有效用户。

② 案例：数字贸易＋软件

游戏作为我国出口数字商品的代表，是贸易对象数字化的缩影。伽马数据关于 2019 年中国游戏产业的年度总结分析认为：游戏产业开始严格管理的一年多里，呈现强势回暖趋势，取得了令人信服的成绩。报告显示，国内游戏市场和海外市场出口收入均得到了大幅提升。国内自主研发的网络游戏

在海外市场销售收入稳定增长，取得了令人满意的成绩。特别是中国移动游戏市场方面表现优异，规模领跑全球。海外移动游戏市场也将成为未来的重要竞争点。

2. 中国数字贸易的发展路径

数字贸易从初级阶段发展到成熟阶段，需要经过三步提升路径，分别是平台升级、服务升级、价值链升级。

（1）平台升级

平台升级的意义：数字贸易平台的构建，解决了企业在传统贸易链条中遇到的流程不透明、环节复杂、成本高昂、报关烦琐等痛点问题，打造了一个集商品展示、在线交易、物流、支付、服务为一体的线上闭环模式。这种模式打破了传统跨境贸易平台壁垒，方便控制数字贸易风险、保障全球贸易安全，为全球贸易提供了更多机会。

平台升级的过程：以数字贸易平台为核心，构建一个整合政府、海关、金融机构、海外渠道、上下游商家在内的一体化数字贸易产业链生态圈，加强数字贸易平台和国际进出口资源的对接与分享。

现有的数字贸易平台仍需要升级改造，要从数字贸易相关信息资讯平台向交易平台演进，实现供应与需求精准匹配、线上线下融合、流通环节精简、商品价格降低、支付结算环节打通、资金安全保障等愿景。

（2）服务升级

服务升级的意义：在构建数字贸易平台的基础之上发展数字贸易，需要进行服务升级，以实现不断向价值链中高端攀升。

服务升级的过程：进行服务升级，首先要加快数字化转型升级。具体内容包括支持推广 IT 外包、打造数字服务出口集聚区等。其次要推广重点服务领域发展，包括法律、会计等领域服务外包、医药研发外包等。同时应致力于构建全球服务网络体系、加大国际市场开拓力度、有序增加示范城市等。

（3）价值链升级

价值链升级的意义：面对金融危机以来日益严峻的国际政治和经济环境，中国要素成本上升、支撑经济快速发展的传统动力逐渐减弱。面对传统

价值链中"低端锁定"的困境,我国需向价值链的高附加值环节和强控制力环节攀升,带动数字贸易转型升级。价值链升级对推进经济持续发展、跨越"中等收入国家陷阱"、推动国内数字贸易发展都具有重要意义。

价值链升级的过程:在全球经济重心东移和终端市场转移的大背景下,完成价值链升级,需要重视"一带一路"终端市场,加强与"一带一路"沿线广大发展中国家的合作,在"一带一路"倡议的框架之下构建起我们自己主导的国际生产网络和价值链体系。积极融入和推动构建"一带一路"区域价值链,从加工贸易等低附加值环节向研发、营销等高附加值环节转变,利用"一带一路"终端市场实现中国全球价值链升级。

3. 中国数字贸易的发展步骤

中国数字贸易的发展步骤大致可以分为五步。要从战略性的角度对数字贸易进行研究,提升数字贸易在国家层面的战略地位,要重视数字贸易规则的建立,使数字贸易的基础设施建设能够得到有效加强。在稳固基础以后,要强化理论层面的分析。通过分析"美式模板"的演变过程,我们认为,健全的国内规则体系是促进国内规则与国际协定相互衔接、相互促进的重要基础。在此基础上,要对"美式模板"中的一部分规则内容进行合理的借鉴与对接,从而逐步完善我国数字贸易的法律制度环境,构造出与我国数字贸易发展需要相适应的"中式模板"。在此过程中,期望我国可以"弯道超车"美日等先进国家。最终的目标是完成"蓝图",利用"一带一路"建设,构建中式数字贸易圈,占领数字贸易高地。

步骤一:重视——在国家层面提高数字贸易的战略定位。

我国为顺应数字贸易发展趋势,在国家层面提高数字贸易的战略定位,出台了若干政策文件。党的十九大报告也明确提出要建设"数字中国""网络强国",党中央、国务院相继出台《国家信息化发展战略纲要》《"十三五"国家信息化规划》等重大战略规划,明确数字中国建设的路线图和时间表,开启了中国信息化、数字化的发展新征程。

我国学术界和政策制定者也有必要学习和借鉴美国国际贸易委员会和美国贸易代表办公室的做法,对数字贸易进行更加系统的研究。

步骤二：奠基——完善数字基础设施建设。

从一定程度上来说，商品贸易的发展取决于运输技术的发展。同样地，数字基础设施的建设在一定程度上也决定着数字贸易的进步与发展。现如今，为了能够在未来的数字贸易中占得先机，各个国家都在加速推进数字基础设施的建设，我国也不例外。在这一阶段，我们国家加快了对于新一代信息通信技术基础设施建设的步伐，尤其是对于 5G 通信网络方面的建设，十分重视。与此同时，对于中西部地区的数字基础设施建设，我国也非常注重，力求避免出现新的基础设施鸿沟。

步骤三：融合——探索形成数字贸易发展理念和监管思路。

与传统贸易的发展不同，数字贸易所拥有的是新经济效应。因此，当新的贸易问题出现时，我们需要不断地进行思考和探索，形成崭新的发展理念以及监管思路。

现如今，数字贸易国际规则正处在一个不断形成的阶段，我国应当加快对于数字贸易国际通行规则、标准，尤其是《跨大西洋贸易与投资伙伴关系协定》等区域贸易协定中的新规则的吸收与学习。与此同时，要注重与我国的实际情况相结合，采取大胆试点与复制推行的举措，以此确保在将来的规则制定中可以抢占先机。

通过对以上规则内容进行融合，我国要进一步地提升和数字贸易有关的商品与服务的贸易便利化程度，进而促使数字贸易的国际竞争力能够获得有效提升。在这一过程中，应该注意的是：一方面，要确保跨境数据的高效率流动，以保证我国数字贸易的国际竞争力；另一方面，还要确保不会出现对国家安全造成威胁的安全事件，例如数据的泄露、窃取、丢失等。此外，我们也要对本国数字产业的发展起到一定的推动作用，确保个人隐私数据信息能够得到恰当的保护。

步骤四：超车——构建数字贸易"中式模板"。

已有的国际贸易规则可能会随着数字贸易的持续发展而发生相应的变化，因此，建立一套行之有效的多边国际贸易规则对于促进世界和我国数字贸易的健康发展至关重要。从当前的情况来看，世界贸易组织缺乏关于数字

贸易的规则体系，而有关数字贸易的各项谈判也陷入了停滞。基于此，我们应该在世界贸易组织的框架之下，积极地推进对于数字贸易国际规则的修改与完善，努力使其能够对我国数字贸易的发展起到促进的作用。

即使"美式模板"这一概念是最早被提出来的，但现在，不仅中国对于"美式模板"有不同的看法，欧盟对"视听领域"的"文化例外"、关于消费者个人隐私保护这些方面的更高标准和要求，也与"美式模板"理念相抵触。因此，"美式模板"的实施并不是一帆风顺、畅通无阻的。我们应当积极参加数字贸易的谈判，在适当的时候清楚表明自己的立场，主动向具有同样诉求的国家和地区靠拢，探索建立与彼此发展相契合的数字贸易合作伙伴关系，并根据我们自身的实际情况，制定出一套适合于发展中国家自己的数字贸易规则，以期在这一进程中超越美国数字贸易发展。

步骤五："蓝图"——构建全球数字贸易共同体。

最后，应当充分发挥我国在现有经济贸易平台上的影响力和话语权。要发挥出跨境电商的各项优势，将"一带一路"倡议作为切入点，借助各个区域之间的贸易建设，同"一带一路"沿线各国签订数字贸易协定，从而有效推进中国式数字贸易圈的建设。在此过程中，我国也要协调好区域间关系，使得从区域内发展向区域间发展过渡这一目标能够逐步实现。此外，要积极参加美、日、欧等发达国家关于数字贸易规则的探讨，代表"一带一路"沿线各国和广大发展中国家发声，使得中式数字贸易圈的影响力能够得到不断巩固和提升，从而占领数字贸易规则的制高点。

第四节　推动构建全球经济合理布局

一、现阶段全球贸易经济治理的特征

（一）全球贸易治理赤字问题放大

全球性问题在当今时代中日益显现，世界的不稳定性与不确定性因素呈

现出显著的特点，此外，赤字问题在全球贸易治理中占据相当大的比重。从深层次的维度上来说，责任赤字、制度赤字与发展赤字是贸易全球化最主要的三种赤字表现。发展中国家的国家实力与话语权有限，呼吁更多保障自身利益的治理权的诉求受阻，从而进一步导致了赤字的明显化，形成发展赤字。多边贸易谈判的进程中有明显的困难，WTO 在制度的层面上也有明显的缺陷与不足，这使得全球贸易治理赤字问题十分明显。

（二）全球贸易治理的集体行动面临困境

当前全球贸易治理的集体行动困境比较明显，不同治理理念之间有一些显著的分歧，面对多边贸易体系的现实困境，中国在全球贸易、国际合作方面作出了积极、不懈的努力与贡献，在实现全球贸易治理体系的改革中积极扮演改革的参与者与先行者的角色。为了使全球治理体系发展更为公平、合理，中国提出了"共生观"，这种观念将共商、共建、共享作为核心内容，为全球治理体系的进步提供了中国智慧。有着鲜明中国特色的"兼容并蓄"和"异质共生"，是中国奉行的全球贸易治理理念。该理念以树立人类命运共同体意识为导向，坚持将整体、共享、平等作为核心。

（三）全球贸易治理手段更多转向安全保障措施和边境内措施

目前，全球治理体系对于一些重要领域缺乏足够的重视。贸易自由化进程是可持续发展的必然趋势，为此，在一些新兴或重要的领域进行全新的贸易谈判是相当有必要的，如绿色发展、医疗卫生领域。与此同时，全面建立、健全全球范围内的安全保障机制（如预警、防御），也对于贸易经济的发展有举足轻重的意义。数字服务业在现如今的社会中掀起了一场蓬勃发展的浪潮，不断推动着人们的生产方式与生活方式的变革。零售、教育、医疗、电信等行业的数字化与在线化已经是无可争议的趋势所向，这也为电信运营商和服务供应商提出了更高的要求，使其不得不加大对网络运用能力的提升力度，这也进一步促进了金融服务、信息与商业服务、新兴贸易的发展。这种现象在世界范围内不断凸显，使各国与各地区之间的贸易的关税与

非关税等保障措施发生了变化，转向标准更加严格的安全保障措施与边境内措施。

二、现阶段中国参与全球贸易治理的战略选择

在过去一个世纪中，全球经济从资本主义殖民体系逐步转变为以美国为主导的多边贸易治理体系。在今后的 100 年中，我们需要重新构建和提升现有贸易治理模式，以适应不断变化的经济、政治和社会环境。为了适应贸易自由化带来的新形势，我国需引进新的治理理念、组织结构、目标导向和策略。中国将努力积极参与全球贸易治理，保持审慎态度，在提高全球贸易治理体系中的影响力方面加大力度，包括增强话语权、发言权和制定规则的权力。这是为了促进国际贸易的可持续发展。

（一）推动构建命运共同体

随着贸易的不断发展，人们逐渐认识到非歧视和公平贸易的重要性，并将其作为全球贸易治理的基本原则之一。因此，作为一个积极参与全球贸易治理的国家，中国应该坚持将这些原则作为前提条件。英、美两国在历经大萧条之后，分别提出了自己的方案，旨在重建国际贸易秩序和开放国际市场，并探索实现此目标的途径。经过努力，GATT/WTO 协议最终得到了通过，此协议目前已成为全球贸易治理体系的法律和组织架构的基础。当前的世界正经历着深刻的发展、变革和调整，各个国家之间的关系日益密切，全球人类所面临的共同问题也越来越突出。所有国家均应遵循历史发展的趋势，并着眼于促进和平与发展，致力于维护公平贸易和非歧视的原则。各个国家必须秉持正确的历史、全局和角色观，培养整体性、关联性和包容性的思维方式，为达成命运共同体的目标不断付出努力。在全球贸易治理中，我国应当把合作共赢作为当务之急。

（二）推动构建制度共同体

首先，要毫不动摇地支持多边贸易体制的维护。自加入 WTO 以来，中

国深受多边贸易体系的恩惠，其对外贸易发展取得了巨大的成就。中国正在借助以国内市场为中心、国内国际双循环相互促进的发展模式，实现新的发展格局。这就要求我们在更广阔的领域、更深刻的层面上推动对外开放，同时，还要加强与多边贸易体系的合作。①随着 2021—2022 年全球危机的演变，由于各国更多地从战略安全的角度出发，WTO 面临着更加复杂的形势。在发展中国家的范围之中，中国有着非常广泛的影响力和强大的凝聚力，因此中国在与发展中国家的国际交往中，始终以互惠互利、平等协商作为指导原则。如此，中国可以积极促进维护多边贸易体系的进程，推动多回合谈判取得更快的成功。同样地，我国还要积极参与 WTO 的改革。随着时间的推移，WTO 在处理贸易问题时需要平衡各方的利益，但因此其效率逐渐降低，最终导致多边贸易谈判陷入了僵局。就目前而言，WTO 主要是由成员推动和参与的机构。为了达成一致并平衡各方利益，我们需要对贸易治理体系进行改革，采用更加高效的协商方式，以及更具弹性的多边贸易机制。因此，我们应该思考更多相容且灵活的方法，并在 WTO 的讨论和进一步实施中加以考虑。为推进区域或多边的自由化政策，我国可以采取多种手段，如双边或多边协议的签署、协商达成共识、实行加权表决制度、提出主席倡议或非成员方案，以及召开全体会议或小组会议。这些措施旨在促进政策评估和提出建议，推动区域或多边自由化进程。

最后，我们需要积极鼓励新兴经济体发挥创新性作用，以注入新的活力和补充传统贸易治理体系在全球贸易治理中的作用。在目前形势下，我们应当充分利用中国制度的优越性，加强国内经济管理并持续深化改革开放。通过这种方式，我们能够最大化地发挥社会主义制度的优势。要努力将国内市场潜能充分挖掘，在国际舞台上发出中国声音，对于国际问题提出中国方案与中国智慧。中国将致力于实现高质量发展，坚持以人民为中心的外交方针，积极推进"一带一路"高质量合作，以进一步提升国际影响力、感召力和塑造力。

---

① 钱学锋，裴婷. 国内国际双循环新发展格局：理论逻辑与内生动力 [J]. 重庆大学学报（社会科学版），2021，27（1）：14-26.

（三）推动构建利益共同体

当前，大国间的竞争已经进一步加剧。发达国家希望通过签署 IPEF、TTIP、日欧 EPA 等自由贸易协定来主导国际贸易治理，并获得全球竞争的新优势。在保护自身利益、主导国际贸易规则的制定方面，中国等发展中国家应采取自由贸易区战略，积极推动形成全新的国际关系，不断拓宽与其他国家的利益共同点。中国正在采取新的措施构建开放型经济体系，其中包括建设自由贸易区战略试点，以提升其对外开放水平。这一举措将有助于促进中国与全球贸易规则的融合。此外，中国正努力推动建立一个区域自由贸易联盟。我们将积极地发展"一带一路"倡议，并以周边国家为基础，推动 RCEP 的实施。另外，我们建议构建亚太自由贸易区，以便在全球范围内构建自由贸易网络。在推行自由贸易区策略时，中国应以实际成效为指导，这主要涉及三个方面：第一，要在考虑经济和政治因素的基础上审慎选择自由贸易区合作伙伴；第二，需要确定合适的谈判议题；第三，要提高机制化水平。我们要努力促进新兴领域的贸易治理规则制定，这包括扩大贸易谈判议题的范围和深度，在建立争端解决机制方面优先考虑，同时要致力于提高自由贸易区建设的机制化水平。

（四）推动构建责任共同体

中国应当坚持独立自主和平外交政策，积极推进与各国全方位、多层次的贸易交流，并促进搭建全新型国际贸易关系网。要加强与欧美等大国的合作与协调，探寻彼此的共同利益，以在 WTO、亚太经合组织、二十国集团等国际舞台上保持经常性交流和沟通。要加强与周边国家的合作，提升边境地区的发展水平和开放程度，助力高质量发展并促进边境贸易的扩大。同时，要借助口岸和边境城市之间的联系，特别是对广西和云南地区的支持，使其成为向东盟、南亚和环印度洋地区辐射的中心，促进开放合作。我国应秉持合作共赢的精神，坚持真诚友好、平等互利的行为准则，致力于维护和促进发展中国家的利益和发展，推动与其在气候环境、医疗卫生等领域的合作，加大对其援助力度。

第五章　中国对外贸易发展存在的主要问题与优势和机遇

本章主要介绍了中国对外贸易发展存在的主要问题与优势和机遇，讲述了中国对外贸易发展存在的主要问题、中国对外贸易发展的优势、中国对外贸易发展的机遇三个方面的内容。

第一节　中国对外贸易发展存在的主要问题

进入 21 世纪以来，随着经济全球化进程的不断加快和中国日益融入世界经济体系，中国对外贸易发展过程中也出现了一些新的热点问题，如贸易摩擦问题、知识产权问题、环境保护问题等。这些问题对中国对外贸易的发展产生了直接影响。

一、中国对外贸易中的贸易摩擦问题

对外贸易摩擦（foreign trade fiction）指由于贸易活动或与贸易相关的政策、制度等原因引起的国际经济关系紧张及争端事态。自加入 WTO 以来，中国与其他国家或经济体发生贸易摩擦的频率也在上升。如何客观认识并积极应对国外对华贸易摩擦问题，是中国对外贸易持续发展过程中必须面对的

重要课题之一。

（一）国外对华贸易摩擦的分类

国外对华贸易摩擦类型可从不同的视角进行分类，这里主要按贸易摩擦的对象国、表现形式及产业加以区分。

1. 按国外对华贸易摩擦的对象国分类

国外对华贸易摩擦的国家基本上可以分为两大类：发达国家和发展中国家。

（1）发达国家对华贸易摩擦

在中国的主要贸易伙伴中，欧盟、美国和日本均位居发达国家行列，因而它们具有一定的相似性。由于产业转移的需要，它们同时也是对华直接投资的主要来源地。但在欧盟、美国、日本等发达经济体内部，出于对本身就业流失、经济增长失速等问题的忧虑而实施的贸易限制政策，使得中国出口产品屡屡受阻，造成发达经济体与中国贸易摩擦的数量持续增加，领域不断扩大。同时，发达经济体对华贸易摩擦也各具特点。

① 欧盟对华贸易摩擦。观察历史统计数据可知，欧盟是对华产生贸易摩擦最多的经济体之一，其常见做法有反倾销、技术性贸易壁垒、普惠制待遇、单方面数量限制等。由于欧盟大部分成员国的科技较为发达，对产品的技术和环保水平要求很高，因此其对华贸易摩擦最多的还是技术性贸易摩擦。同时还应看到，随着不少与中国经济发展水平、劳动力成本、产业和贸易结构相近的中东欧国家加入欧盟，中国正面临着来自欧盟的更多、更苛刻的反倾销和反补贴调查。

② 美国对华贸易摩擦。长期以来，在中美经济贸易关系总体保持平稳和良好发展势头的同时，双方间的经济贸易冲突和摩擦也在日益增多。两国间的贸易摩擦具有复杂性和多层次的特点，以贸易不平衡为基本背景，包括反倾销、反补贴、保障措施、技术壁垒、知识产权等多种形式在内的一般贸易摩擦，常常与宏观经济政策、经济乃至社会制度层面的矛盾交织在一起。双方贸易摩擦的焦点主要集中在四个方面：美国对华大幅贸易逆差问题、知识

产权保护问题、人民币汇率问题、对华纺织品设限与反设限问题。由于两国实行不同的政治制度，美国不承认中国的市场经济地位，以及美国时常采取贸易政策的单边主义和保护主义，其对华贸易摩擦更多地体现在制度性贸易摩擦方面。

③ 日本对华贸易摩擦。随着中国对日本的出口商品不断升级，两国的产业特点和比较优势逐渐趋同，导致贸易模式也趋向一致。这给日本的经济发展带来了一定威胁，从而引发了越来越多的贸易争端。日本采取了多种手段来提高阻拦中国向日本市场出口，如设置技术壁垒、加强卫生检疫标准以及环保标准等。日本更多的是试图通过处理与中国的贸易争端来削弱中国的产业竞争力。

（2）发展中国家对华贸易摩擦

在中国对外贸易快速发展的过程中，发展中国家对华贸易摩擦也进入了高发期，典型标志是发展中国家对华反倾销事件频发。当前对中国反倾销最多的五个国家和地区分别是印度、美国、欧盟、阿根廷、巴西。其中，除了美国、欧盟是发达经济体，其他都是发展中国家。世界贸易组织成立前，对中国反倾销的国家以美国、欧共体、澳大利亚、加拿大四个发达国家和地区为主；但在世界贸易组织成立后，越来越多的发展中国家加入对中国进行反倾销的行列。总体而言，发展中国家与中国的贸易摩擦主要体现在一种形式上，即反倾销。发展中国家与中国的贸易摩擦缺少多样性，与欧美等发达国家与中国的贸易摩擦形式不同。另外，发展中国家与中国的贸易擦程度较低，通常只出现在微观经济活动中，与制度、社会和政治层面的关系很少。因为中国和其他发展中国家的产业结构类似，所以在出口商品方面存在竞争，容易引发贸易争端。

2. 按国外对华贸易摩擦的表现形式分类

国外对华贸易摩擦的表现形式主要有反倾销调查、反补贴调查、保障措施、技术性贸易壁垒、社会壁垒、汇率制度摩擦、知识产权摩擦等。

（1）反倾销调查

反倾销是世界贸易组织为维护贸易公平所采用的一种机制。最近几年，

一些国家滥用了反倾销措施，将其视为保护本国贸易的重要工具之一，也常常用它作为主要贸易伙伴针对中国发起贸易摩擦的手段。中国遭遇的反倾销调查具有两个特点：一是次数不断增加，涉案金额巨大；二是立案国家多，被诉产品范围广。20世纪90年代后，对华反倾销的国家从发达国家迅速向发展中国家蔓延，且反倾销越来越针对中国具有比较优势的产品，并且常常是同一种产品相继被多个国家反倾销。

（2）反补贴调查

与反倾销案件相比，对华反补贴案件相对较少。其主要原因在于：首先，这类案件在政治上比较敏感，不仅要调查出口国的涉诉企业，还要调查出口国政府；其次，与计算反倾销的方法相比，反补贴的计算方法还不是很成熟，国外采用反倾销方式的胜算更大；最后，当前许多国家一般认为反补贴不适用于非市场经济国家，而中国仍被一些国家认为是非市场经济国家。今后中国遭受国外反补贴调查也将和反倾销调查一样成为常态。反补贴调查对于中国企业的危害性要远高于反倾销调查。反补贴调查是针对的一国政府的补贴行为，这种措施不仅会对某一两个企业产生负面影响，同时更会对整个行业产生严重打击。某一类产品假如被进口国认定违反了反补贴的规定，这一类产品的出口都将受到严重的阻碍，更严重的话，这一类产品都可能被进口国从本国市场中剔除。

（3）保障措施

中国的主要出口产品是劳动密集型产品，这类产品具有很高的竞争力，出口量不断增长，这可能会对贸易伙伴的相关产业产生一定的冲击。因此，其他世界贸易组织成员为防止中国产品在较低的关税水平条件下冲击其国内产业，会不断采取保障措施。

（4）技术性贸易壁垒

技术性贸易壁垒是指一国以维护国家安全、保护本国的生态环境以及保障产品品质等理由，所采取的一系列强制或者非强制的技术性措施。这些措施成为一道道壁垒，外国的产品难以或者无法进入该国，从而对其他国家与该国进行正常的贸易往来产生限制。随着经济全球化和贸易自由化进程的加

快，技术法规与技术标准构成的壁垒成为最为普遍，也最难以短时间突破的贸易保护形式，这种技术性措施也逐渐成为一国限制与别国贸易、保护本土企业地位的重要手段。这对中国扩大出口贸易构成了显著影响。

（5）社会壁垒

社会壁垒是指通过贸易保护措施，针对劳动者在工作环境恶劣、生存权利受损等问题采取的限制措施。在国际公约中，社会条款是指涉及社会保障、劳动者待遇、劳动权利以及劳动技术标准等各个方面的规定。这些条款与公民权利和政治权利相互关联，一起构成了社会壁垒。原本旨在维护劳工权益的社会规定被滥用，成为贸易保护主义者的手段。对于发展中国家企业运用低成本生产的优势进行限制，实际上起到了贸易壁垒的作用。在各种社会分隔措施之中，SA 8000 标准是一项备受瞩目的规范。该规范是一项国际道德标准，源自 ISO 9000 质量管理体系以及 ISO 14000 环境管理体系的概念演绎。社会壁垒可能成为发展中国家出口劳动密集型产品的主要限制，这不仅可能演变成新的贸易壁垒，同时还可能与环境壁垒相结合，形成一种更新、更复杂和更难对付的环境和社会贸易壁垒。

（6）汇率制度摩擦

近年来，中外之间的贸易摩擦呈现出一个明显特点，即在贸易摩擦的背后交织着两国（地区）金融利益的博弈，在金融战略的背后隐藏着两国（地区）贸易与经济利益的争夺。而人民币汇率常常成为热点问题。当前，以美国为代表的部分经济体认为人民币汇率被人为压低，存在所谓的"根本性失衡"。因而在贸易争端及国际谈判中，它们便时常打"汇率牌"，向中国施压。在中美战略与经济对话中，美方提出人民币汇率问题是对话的焦点之一。

（7）知识产权摩擦

中外知识产权争议的核心问题在于，一些国家利用自身的知识产权优势，通过设置各种壁垒来限制中国企业进入市场。发达国家通过知识产权和法规等手段，阻碍中国企业在国内外市场上与其竞争，以此确保自身的知识产权和市场优势。这种行为被称为知识产权摩擦。中外知识产权问题的一个显著特点是，它已经从过去仅局限于美国的范围扩展到多个发达国家和地

区，涵盖从劳动密集型产品到高技术型产品的多个领域，这一趋势正在不断
加强。此外，知识产权问题已经成为中外经济贸易矛盾最为突出的表现方式。
中国不仅要面对被其他国家指责侵权的问题，也在向其他国家提出相关的知
识产权问题。由于知识产权的本质特点，它具有无形、时空和地域相关性。
企业间的知识产权争议已经进一步升级，成为关乎知识产权制度的冲突。摩
擦的主体已从企业与企业之间的竞争转变为企业与政府之间的竞争，且竞争
的焦点也由企业的个别策略向国家的整体战略转变。

3. 按国外对华贸易摩擦的产业分类

从国外对华贸易摩擦发生的产业来看，这种贸易摩擦主要集中在机电、
纺织品与服装、农产品、能源与主要原材料等方面。

（1）机电产业贸易摩擦

近年来，中国机电产品出口贸易快速增长。随着中国机电产品出口贸易
规模的增大，不可避免地出现了贸易不平衡等问题。因此，在计算机通信技
术产品和电子技术产品的贸易领域，机电产业的贸易摩擦已成为中外贸易摩
擦的重要焦点。那些发达国家常常针对中国高技术产品的高成长期进行攻
击，这些产品是中国竞争力较强的出口产品之一，这种攻击对中国高技术产
业的发展产生了很大的不利影响。

（2）纺织品与服装贸易摩擦

中国是全球最大的纺织品与服装制造国，同时也是最大的出口国。随着
全球纺织品贸易一体化的推进，配额制度不再存在，这导致中国某些纺织品
长期以来被限制的增长潜力充分释放。一些国家和地区担心中国纺织品出口
潜力过大，因此它们采取了多项贸易救济措施来限制其出口。以美国市场为
例，美国是我国纺织服装最大的单一出口市场，其巨大体量与持续稳定的市
场需求，一直是我国纺织服装出口的"稳定器"和"压舱石"。2009—2018
年，我国对美国纺织服装出口规模持续扩大。自2018年3月美国单方面挑
起贸易争端以来，良好态势被打破，中国纺织服装制造业和出口商受到严重
冲击。欧美不断提出限制进口的要求，并已经开始呈现跨国扩散趋势，对中
国的纺织服装总体出口形势带来了相当大的挑战，并对一体化后的纺织品贸

易环境的稳定造成了影响。

（3）农产品贸易摩擦

自改革开放政策实施以来，中国国际贸易规模持续增长，此外，农产品贸易也取得了显著的进步和发展。目前，中国已经成为世界领先的农产品进口国之一，同时也是全球排名第四的农产品出口国。中国农产品的出口市场逐渐扩展到许多国家和地区，如日本、美国、韩国、欧洲等，同时涌现了大量新的农产品品类。随着中国农产品贸易不断发展壮大，该领域的出口遇到了不断增多的限制。贸易救济措施，如反倾销和保护措施，以及进口壁垒，如检验检疫、技术标准、认证和配额管理，都已成为引发贸易争端的热点，其中涉及农产品的范围也越来越广泛。

（4）能源与主要原材料贸易摩擦

随着中国经济迅速增长，中国对能源和铁矿石等主要原材料的需求急剧上升，国内供给已难以满足需求。随着对外能源及主要原材料贸易的扩大，中国与一些国家也产生了贸易摩擦。这里分别以石油和铁矿石贸易为例加以说明。

① 石油贸易摩擦。中国和日本之间的竞争正变得更加激烈，原因是它们都在争夺全球石油供应。尽管日本在经济方面相当强大，但在能源资源方面却相当的缺乏，需要大量进口石油、煤炭、天然气等主要能源产品。近年来，由于中国和日本对石油的需求不断增加，这两个国家都面临着资源短缺的情况，这一点是不容置疑的。由于中日两国在能源进口依赖程度、主要进口的石油和天然气资源相近，并都受到政治和经济因素的影响，因此，在国际石油市场上，中日两国之间的竞争是必然的。中国和印度之间的石油资源争夺正逐步升级。随着印度经济的快速发展，印度对石油、天然气等资源的需求不断增加，已经超过了本土能源供应的限制。由于原油市场供求形势持续紧张，中印两国在石油和天然气资源贸易及开采领域的竞争越来越激烈，并且竞争的程度不断加剧。中国和美国在石油领域存在着战略竞争关系。在中美关系中，可能出现最大的"矛盾点"之一是两国对全球石油资源的争夺。美国和中国是世界上最大的石油进口国之一，在石油进口来源方面有很大的

重叠和交集，在中东和非洲地区，两国的石油进口量和比例非常显著。

② 铁矿石贸易摩擦。巴西、澳大利亚、印度和南非等国是铁矿石的主要出口国，而欧盟成员、中国、日本和韩国等产钢大国则是铁矿石的主要进口国。国际铁矿石的价格由年度谈判决定，其他供需方会以此价格为基准，这导致了国际铁矿石价格谈判的复杂性和多样性。尽管中国是全球铁矿石需求最大的国家之一，但在国际铁矿石谈判中，中国的议价能力比其他国家稍弱一些。自 2005 年以来，中国一直在尝试独立参与铁矿石谈判，但每次谈判都未能达到预期的"中国价格"，这导致中国钢铁行业连续多年失去了议价话语权，使中国钢铁业产生了巨大的经济损失。

（二）国外对华贸易摩擦的缘由

随着中国经济快速发展以及对外贸易的迅速增长，国外对华贸易摩擦日趋频发。究其原因，可主要从国际因素和国内因素进行分析。

1. 国际因素分析

（1）政治因素

一定时期的世界形势、国家的政治与经济发展水平都会直接或间接地对贸易摩擦产生影响，制约或促进着其发生的频率。由于存在着利益集团，它们在一定资源投入下，会通过自己或其代理人使用投票的方式，控制舆论，并且对其他政府进行游说，进而巩固自己的集团利益。

（2）贸易保护主义

全球经济的复苏较为乏力，这就导致出现新的贸易保护主义，并且这种贸易保护主义发展极为迅速，进一步加剧了国家之间的贸易摩擦。世界经济发展越不乐观，贸易保护主义的势头越强烈。经济低迷与萎缩，更容易导致产生保守的贸易政策。新贸易保护主义提倡对于知识产权的保护，注重生态，维护国家经济安全，这些看似合理实则形成壁垒的政策，极大地影响着国家制定贸易政策；带有鲜明保守色彩的贸易保护政策，不断地引起和激化着贸易摩擦。

（3）世界贸易组织相关条款的模糊性及争端解决机制的缺陷

世界贸易组织制定了一系列的条款用以协调各方利益，促进贸易自由化。这些弹性条款可以促进工业体系的建立、国家安全的维护、生态环境的良性发展。但是世界贸易组织所制定的规定在当前也没有做到面面俱到，存在一些明显的缺陷与漏洞，一些国家的贸易保护主义者正是利用了世界贸易组织的这些漏洞，进行国际贸易的限制活动，从而进一步加剧贸易摩擦与争端。

2. 国内因素分析

（1）中国出口贸易额迅速增长、贸易顺差较大

经过四十余年的对外开放，中国已成为贸易大国。2009年中国即超过德国，成为全球第一大出口国，并持续保持出口世界第一地位至今。中国出口市场扩张较快、对一些国家贸易顺差较大以及人民币汇率被认为低估等原因，导致一些发达国家和部分发展中国家屡屡对中国出口产品实行严格限制，致使贸易摩擦加剧。

（2）出口市场相对集中

中国的对外贸易主要集中在欧洲、美国和日本，尽管我国大力推行市场多元化战略，但是我国出口产品依然主要集中在这三个地区，同时这三个地区也是产生贸易壁垒的主要国家和地区。这些国家和地区的产品在中国物美价廉的同类产品的冲击之下，其市场受到极大的影响，进而便容易引起贸易摩擦的产生。中国与其他发展中国家出口到这些地区的产品存在一定的趋同性，产品结构类似，因此在争夺进口国市场时，极易引起摩擦。这也就导致了一些发展中国家也对我国采取一些反倾销等贸易措施。

（3）各项技术标准与国际标准存在差距

尽管中国已经引进了很多前沿技术并提高了企业的技术创新水平，但总体来说，其技术吸纳、消化和创新能力还有进一步提升的空间。中国在技术方面与发达国家相比还有较大的提升空间，需要不断提升技术标准以达到国际水平。中国在技术标准、知识产权保护、环境保护等与国际贸易有关的领域中，未能充分接轨国际标准，这已经成为与贸易伙伴产生贸易摩擦的重要原因。

（4）某些产品出口无序导致摩擦加剧

自加入 WTO 以来，中国经历着修改和完善国内法律并不断向世界贸易组织规则靠拢的艰难历程。从客观上讲，中国在某些领域法制尚不健全、执法不严，一些出口企业之间存在价格恶性竞争行为，某些产品出口经营不够契合国际竞争游戏规则，易被一些进口国抓住"把柄"，这在某种程度上也加剧了贸易摩擦。

（三）国外对华贸易摩擦的影响

中国经济因贸易摩擦产生了极大的损失，对出口产品产生了直接压力，减少了贸易收益，导致相关产业停滞不前，失业率攀升，从而阻碍了经济的发展。但需要意识到的是，贸易纠纷也许能够有效地推动和优化中国的经济发展。

1. 积极影响

（1）有利于促进中国产业结构升级

在现阶段，中国主要出口产品仍以劳动密集型为主，由于贸易争端升级的影响，出口量逐渐减少，这进一步导致国内相关产业规模缩小。然而，这种情况也会促使更多的资源和资金流向更高端的产业，从而推动整体产业结构的升级。一些特殊的贸易冲突，如技术屏障，要求产品技术水平提高，这对于促进产业结构升级效果更加显著。由于中国正在经历经济转型的特殊时期，贸易摩擦可能起到一定程度的积极引导作用。根据西方经济学理论，市场在某些情况下可能存在失灵现象，因此贸易摩擦被视为一种调整市场失灵的方式。

（2）有利于培养中国的竞争优势产业

贸易摩擦有助于促进竞争，并通过竞争进行优胜劣汰。贸易摩擦可能会淘汰竞争力较弱的小型企业，但这也可以促进资源的优化配置，让更优秀的企业能够抓住机遇扩大规模、壮大实力。此外，贸易争端将促进国内相关企业间的竞争加剧。根据经济学理论和实践研究，引入和增强竞争对企业非常有益，这有助于增加劳动生产力和全要素生产力，促进技术创新，最终推动

企业蓬勃发展。贸易争端可能导致优势行业转向更具竞争优势的领域。正如前面所述，贸易冲突可能会使小型企业被迫退出市场，而大型企业则可利用其雄厚的财力和不断提升的技术与管理层面，以适应世界市场的激烈竞争，从而在国际市场上占据绝对优势，推进高度竞争性的产业形成。

（3）可以刺激中国对外直接投资的发展

当前全球经济形势十分严峻，存在严重的不平衡问题，不少国家推行了新的贸易保护主义政策，这导致中国在对外贸易中不断与其他国家发生摩擦。为了避免受到新贸易保护主义的影响，我们应该通过扩大对外直接投资的方式，在海外进行生产和销售。由于贸易摩擦的困扰，中国对外直接投资呈现增长态势，这可能是外部压力所致。我们可理解为，因为贸易纷争，涉及的公司无法出口商品，导致其市场收缩，商品价值得不到实现。为了摆脱这一困境，企业通常会在外国直接投资，试图拓展市场。因此，企业为应对贸易摩擦的压力，会采取增加对外直接投资的策略来扩大利润空间，这有助于缓解中国在贸易摩擦方面所遭遇的困境。

（4）有利于实现中国对外贸易地理方向的多元化

中国的对外贸易一直相对集中在同一地理方向上。假如与其中一个贸易伙伴出现激烈的贸易争端，那么这很有可能会对中国本国的经济稳步增长及其对外贸易产生负面影响。贸易争端的不断出现，在一定程度上推动了中国加快对外贸易地理版图的多元化。由于贸易纠纷的存在，人们开始认识到依赖某些贸易伙伴可能存在巨大风险。企业和政府开始意识到地理贸易方向过于集中是一个严重的问题，并开始积极地开拓多样化的市场。另外，由于贸易争端的影响，有些商品的出口受到了阻碍。为了减少损失，出口商们会积极寻找其他国家的市场。中国的外贸市场会不断拓展，实现更多的地理方向多样化，这将有利于中国的出口贸易持续健康地发展。

2. 消极影响

尽管贸易争端可能会对中国的出口和经济发展带来一些利益，但我们不得不承认的是，它所带来的负面影响仍然是不可避免的现实。贸易摩擦将直接限制中国的出口业务，削弱贸易收益，从而导致相关国内产业衰弱，进一

步提高失业率，对经济发展带来消极影响。

（1）影响中国的贸易安全

中国自加入世界贸易组织以来，经济得到迅速壮大，出口量也大幅增长，与此同时，中国也逐渐面临更多的贸易争端。这些频繁的贸易争端为中国的贸易安全带来了负面影响。

首先，国外采取各种贸易措施，如反倾销、反补贴和保护措施，对中国出口产品造成了限制。这些措施通常被合法化，然而却是导致中国贸易摩擦不断的重要因素。中国的出口企业面临极大压力，这是因为反倾销税的实施会导致出口商品的成本急速上涨。这种情况使得中国出口企业在市场上的竞争力急剧下降，从而导致了大量企业的经济损失。

其次，国外频繁对我国实施技术性贸易壁垒等措施，同样对中国的贸易安全造成了影响。近年来，一些先进经济体不断提高对技术领域的要求，包括在安全、卫生、技术和环保等方面不断精益求精，这一趋势仍在继续。这些标准不断变得更加严格和复杂。中国出口商品的市场竞争力因烦琐的认证程序而被削弱，导致成本明显上升。发达国家借助技术性贸易壁垒的手段，有效地实现了在国内保护市场、在国际上占领市场，并最大化地获得了经济利益。

因为中国的出口市场主要受限于少数发达国家和地区，包括美国、欧盟、日本等，所以这就导致出现了贸易的不平衡和争端，特别是中国对美国的贸易顺差相对较高。除此之外，美国方面认为中国抑制人民币汇率、滥用劳工权利，这导致了中国出口产品的竞争力显著增强。因此，美国一直要求中国改革其货币汇率制度，以期推动人民币升值，这导致中美贸易争端不仅限于个别经济领域，而是涉及更广泛的经济政策、制度和体系方面。

（2）破坏中国与贸易对象国双边正常贸易关系

中国与贸易伙伴之间的正常贸易关系因贸易摩擦的频繁发生而受到了一定程度的损害。显而易见，中美贸易争端对中国的影响是显著的，它直接导致中国出口量减少，这削弱了中国通过出口创汇的能力，从而对中国与贸易伙伴之间的贸易关系产生了负面影响。有时，中国会采取反制措施来回应

某些行动，但这往往导致双方都遭受损失。贸易摩擦虽然能够短暂地保护进口国的市场，但是其实质是限制国家技术更新和产业升级。从长远来看，这种保护主义不利于进口国的经济发展。此外，这种保护也会让进口国的落后产业得以继续存在，而不受到市场竞争的冲击。

（3）打击中国相关地区和企业的发展

由于频繁发生的贸易摩擦，一些中国企业遭受了不可预料的损失。由于涉及贸易争端，有些公司承受了极大的负面压力，这导致它们的经营陷入困境，并且有些甚至被迫撤出了国际市场，对其出口目的地的产业发展造成了不良影响。另外，中国经常会发生与贸易有关的矛盾，这些矛盾主要出现在以人力和资本为密集度高的产品上。这些产品的技术通常不是特别先进，但它们在中国经济中的作用在于能够为大量就业人口提供就业机会。中国与其他国家的贸易争端加剧，进一步加剧了就业市场的压力。

（4）引发对外贸易摩擦的连锁效应

对外贸易主要会产生两种连锁效应：一是地区连锁效应。某一个国家与中国在某一类产品上产生贸易摩擦，经常会导致该地区其他国家与中国也在这一类产品上产生贸易摩擦。二是产品连锁效应。某一个国家与中国在某一类产品上产生贸易摩擦，随后也容易在其他相关产品上也产生贸易摩擦。连锁效应的结果是随着中国贸易摩擦案件数量的增加，其他国家对中国贸易摩擦涉及的行业和产品呈现出多元化格局。

中国与外国的贸易摩擦存在着一定的必然性，这些贸易摩擦对中国而言既有消极的一面，也有积极的一面。因此，在制定相关的贸易应对策略时，我们要辩证地看待这一问题，既要充分借助其积极的一面，促进我国科技发展与产业结构的转型升级，同时要尽可能消除贸易摩擦对我国经济与企业发展的消极影响。这就需要我国政府部门、出口企业以及相关行业组织共同付出努力。

（四）国外对华贸易摩擦的应对方法

从发展趋势看，中国对外贸易规模在未来仍会维持扩张，国外对华贸易

摩擦也将在相当长的一段时间内成为一种常态。因此在制定具体应对策略时，我们既要充分考虑和发挥贸易摩擦所带来的积极效应，也应看到贸易摩擦对经济的扭曲和对贸易的阻碍，通过积极应对使其消极影响最小化。为此，长期内要发挥市场机制的作用，完善中国的市场体系，短期内则应规避贸易摩擦对中国对外贸易和经济的冲击，并构建政府部门、中介组织和企业"三位一体"的贸易摩擦应对机制。

1. 政府部门的应对方法

由于国外对华贸易摩擦很多是由中国的发展中国家地位、对主要贸易伙伴国的贸易盈余大、与现行国际贸易制度存在差异等所引起的，因此对于我国政府部门来说，为促进对外贸易的健康发展，应积极调整对外贸易发展战略，并辅以相应的产业保护战略，以求将贸易摩擦的损失降到最低程度。

（1）加快产业结构调整，促进产业升级，调整对外贸易发展战略

中国已经成为全球贸易大国，但其仍未达成贸易强国的地位。中国产品的出口收益不高，主要是因为它们缺乏核心技术和国际知名品牌，这导致其国内附加值不足。若想将贸易实力提升至强国水平，中国需转变对外贸易增长方式，调整商品结构，并采用以卓越品质为核心的策略，进军多元化市场，并加强科技创新对贸易的支持。为了促进企业自主研发和创新，同时保证它们拥有核心技术的独立知识产权，中国需要采取激励措施。提升出口产品的附加值，有助于促进产业升级。中国还需要调整战略目标，不仅要追求贸易规模，还要优化贸易结构，以增强我国的国际竞争力。此外，我们可以支持和引导跨国公司将高科技制造工艺和研发机构搬迁至中国，以提高国内企业的技术实力，并通过技术创新和关联效应促进出口产品的发展。

① 中国在进行加工贸易时，国内采购的比例相对较小，加工环节比较简单，主要是加工和组装产品的中低附加值环节，参与产品增值的范围相对有限。如果出现贸易摩擦，生产模式"设计在外、市场在外"的特点将使公司处于不利地位。我们有必要推动企业进行更深层次、更精细化的产品加工，以提升国内零部件的生产水平，提高出口产品中中国制造的占比，扩大产业供应链规模。我们还需要积极发挥加工贸易的辐射效应和聚集效应，促进相

关企业集群的形成，并培育一批领军龙头企业，以及与其相互配合、协同发展的企业群体。为了更好地整合加工贸易和国内工业体系、加强政府部门的管理效率，我们应该视加工贸易为重要的国际产业转移途径，推动产业结构调整，并将其与高质量的出口发展有机结合。为了使中国成为全球制造业的竞争中心，我们需要致力于提升产品的附加值。

② 调整对外贸易发展战略，转变经济增长方式。当前，中国在开展对外贸易时遭遇多重挑战。中国对外贸易的可持续发展面临着多方面的挑战，包括但不限于贸易冲突不断升级、出口产品制造成本无法得到充分反映、资源消耗过大、自主品牌和核心竞争力不足。因此，我们需要重新规划对外贸易发展战略，改变对外贸易增长的方式。我们需要彻底改变发展模式，将出口创汇作为主要目标，并同时注重开发国内市场需求和拓展国际市场，以实现出口和进口的平衡。我们需要将注意力从强调贸易顺差转向追求贸易平衡，同时将发展的重心从过度消耗资源、能源和污染环境的低附加值经济发展方式，转向更高效、更集约的经济发展方式。这种方法有助于优化中国的贸易产品结构，以避免与一些发展中国家因产品结构相似而引发的贸易冲突。

（2）构筑贸易保障体系

为了防止贸易争端不断加剧，并维护现有的市场稳定，我们需要尽快建立一个覆盖面广、渠道多样、层次多样的贸易限制预警机制。一个完备的预警系统需要政府、行业组织和企业各自担负其责。政府应当为宏观经济制定政策指导；行业协会应该将自己的角色定位准确，积极向政府部门提出恰当的政策建议；为了适应市场需求，企业应该根据市场情况制定合适的生产和销售策略，不断研究市场的变化并及时调整策略。

对外贸易部门应当与各行业协会和主管部门紧密协作，共同建立一项动态监测系统，该系统应当收集并呈现重要产品在出口数量和价格方面不断变化的趋势信息等。针对重要的敏感出口产品，有关部门应紧密关注出口价格和目标市场的情况。如果出现竞价销售或干扰出口秩序的情况，就必须采取果断的行动。要支持各类公司和行业协会跟踪国际市场动态，提升商品在国

际竞争市场中的竞争力，减少或避免贸易争端的发生。与此同时，政府应加快提供必要的协调和指导，以鼓励企业积极参与调查，并提供必要的支持。政府应当促进企业建立正确的诉讼意识，帮助它们克服惧怕情绪，准确掌握应诉期限，积极利用法律手段进行应对，及时提出反驳。政府还应积极通过谈判与协商来缓和贸易纷争。

（3）构筑贸易摩擦援助体系

针对国际贸易纠纷调查，国内出口企业时常面临融资难、信息获取受限、对国际调查程序缺乏熟悉等各种挑战。为了支持企业应对贸易摩擦调查，政府应建立一个贸易摩擦援助体系。首先，应支持企业认识并适应当前的贸易挑战，了解应对贸易摩擦所需的法律流程和要点，以确保正确理解案情并采取针对性的解决方案。此外，政府需要加强与其他国家的沟通和政策协调，积极寻找适当的解决方案，通过谈判等多种方式进行交流。其次，我们需要建立完善的贸易摩擦援助机制，它应该是专业化、全方位、多形式的。为了支持需要的企业，我们应创建一个贸易纠纷解决基金，为其提供资金、信息和人才培训等方面的支援。要鼓励企业和行业协会积极参与贸易争端的解决工作，支持它们积极进军国际市场，并通过游说和辩护等方式，为企业争取利益。同时，帮助企业建立稳定的贸易和投资伙伴关系，与进口国共同应对贸易争端。我们需要对重要的贸易纠纷案件进行全程监测，并关注典型案例，以促进公平贸易并提供指导。最后，我们需要构建一个完善的法律援助机制，聘请经验丰富的律师团队，并依靠国内外律师的专业知识，为企业提供跟踪国外政策动向的支持，并协助企业以谨慎而又高效的方式应对贸易争端的诉讼，以尽量降低案件的发生率，并提升胜诉的可能性。

2. 企业的应对方法

在贸易摩擦发生后，受影响最大、最直接的还是出口企业。因此，企业理所当然地成为应对贸易摩擦的主体力量。

（1）熟悉和掌握世界贸易组织争端解决机制，积极应诉

中国对于国外不断发起的贸易摩擦，应采取有效的处理方式，积极应对，以免造成更多不必要的损失。国际贸易是在世界贸易组织的框架与规则中进

行的，当企业在国际贸易中遭到各种不合理的指控时，应当以这些规则为依据，依法、依规维护企业自身的权益。中国是发展中国家，中国的企业自然是发展中国家的企业，为了在贸易争端中尽可能取得有利位置，中国企业应有效利用世界贸易组织中有关发展中国家的特殊贸易条款。

企业在贸易争端中除要充分利用各种法律规则之外，还要确保收集有利于自己一方的证据，随后要对一些调查（如倾销、反倾销）积极配合，同时依据证据和规则维护自己的利益，必要时可以向我国政府申请协调帮助请求。

（2）实施多元化的市场战略，积极"走出去"

欧盟、美国、日本等国家是中国产品出口的主要市场，这些市场范围较为集中，尤其以美国为例，我国国内许多同类产品大量进入该国家，比较容易引起该国家采取贸易限制手段。正因如此，进行贸易开拓、深化传统市场的贸易开展，更要积极开拓"一带一路"沿线国家的新兴市场，逐渐将我国国际贸易交易的风险降低，形成多元化世界贸易格局。我们要坚持"走出去"的发展战略，鼓励企业在海外进行投资建厂，巩固企业在海外市场中的地位，与此同时，也可以有效降低由于进出口、关税等原因造成的贸易摩擦。此外，在海外投资建厂时，我们还可以向建厂所在国的周边国家进行贸易延伸、辐射，如此可以有效降低由于贸易壁垒造成的损失与负面影响。

（3）发展出口产品的自有技术和自主品牌

要想从根本上解决贸易摩擦，就要提升产品的科技属性，发展具有自主知识产权的高新产品，以完善我国企业自主品牌建设。因此，我们首先要增加产品研发过程中的科技投入，不断对产品进行创新、升级、换代；其次，企业产品核心竞争力的来源在于产品中蕴含的科技成分与技术含量，要研发与运用有自主知识产权的技术，将其内化到产品之中，这样才能更好地提升企业在国际贸易中的核心竞争力；最后，知识产权对于企业的产品而言具有至关重要的意义。企业不仅需要为产品在本国进行专利申请，也需要有意识地保护有发展前景的技术，为其在国外申请专利，从而使得自己的产品能够有效地避免由于专利保障体系的差异化而导致的专利摩擦，从而

建立自己产品的技术优势。产品的品牌附加值是产品在国际竞争中的巨大优势之所在，企业要有战略地创设与发展国际品牌，强化自己产品的品牌内涵与价值。

3. 充分发挥行业协会的作用

面对不断发生的贸易争端，出口商和行业协会需要进一步提高服务水平，以更好地迎接各种挑战。为了实现这个目标，我们需要加强行业协会建设，要进一步明确其权威和协调作用，以便有效地保护企业的利益。根据现代国际贸易规定，行业联盟具备向其成员提供与出口相关信息的权利，这有助于加强成员的自我管理能力，并建立更完善的谈判和调解机制。行业协会可以发挥其主导作用，代表政府和企业利益，协助解决贸易摩擦等问题。行业协会应承担规范和协调进出口贸易秩序的责任，特别是在定价方面，要发挥作用，以确保产品在国际市场上获得合适的价格，从而尽可能减少贸易争端的发生。

二、中国对外贸易中的知识产权问题

随着对外贸易的发展，知识产权壁垒开始成为制约中国出口贸易的主要壁垒之一。因此，如何认识并克服国外知识产权壁垒，是中国对外贸易面临的一项重要课题。

（一）知识产权与国际贸易

1. 知识产权的主要特征

所谓知识产权（intellectual property），根据世界贸易组织《与贸易有关的知识产权协定》（Agreement on Trade-related Aspects of Intellectual Property Rights，TRIPs）的解释，是指版权、商标、专利、工业设计、地理标识、集成电路、外观设计、未披露的信息等。概括起来，知识产权的特征有以下六个方面。

（1）知识产权是一种无形财产权。知识产权是由人类智慧所创造的权利，其涵盖的是人的智力成果。智力成果是无形的，不具备任何实体形态，

因此它们不存在于现实空间中。因而，知识产权是一种无法被具体占有和掌控的无形资产。

（2）其确认或授予必须经国家专门立法直接规定。知识产权的对象是由人智力创造的无形成果，但必须以某种有形的形式呈现出来才能受到法律的保护。如果这种智力成果没有任何物质化形式，就不可能得到法律的认可和保护。

（3）双重性。知识产权既有某种人身权（如签名权）的性质，又包含财产权的内容。人身权是指创造智力成果的人的特定身份所享有的精神权，人身权与智力成果的创造人的人身不可分离、不能转让、不能赠与、不能继承。财产权是指智力成果的创造人获得的财产报酬和奖励，而这些有形的财产是可以转让、赠与、继承的。但商标权是一个例外，它只保护财产权，不保护人身权。

（4）专有性。知识产权为权利主体所专有。除非获得权利人的授权或法律另有规定，否则任何人都不能享有或使用这种权利。

（5）地域性。某一国法律所确认和保护的知识产权，只在该国领域内发生法律效力。

（6）时间性。法律规定保护知识产权有一定的时限，在法定期限内，知识产权有效。一旦有效期限届满，它就会跻身于社会公共领域，成为全体社会共享的财产，无论谁都能够自由、无偿地使用。

2. 国际贸易中的知识产权保护

世界贸易组织的《与贸易有关的知识产权协定》（以下简称 TRIPs），第一次把知识产权与国际贸易问题联系在一起，同时又规定了一些强制性措施，是知识产权制度发展的里程碑。TRIPs 相较于以前的知识产权国际公约，制定了更加严格的标准和规定。它有以下明显的特点：第一，是第一个在知识产权国际保护领域引入最惠国待遇原则的文件；第二，要求成员制定更加全面的法律保护知识产权；第三，要求成员加大对知识产权的执法力度；第四，必须确保成员的知识产权的获权和维护程序遵循公正、合理的原则；第

五，利用贸易争端解决机制来处理会员之间的知识产权争议，以提高该协定的约束力。TRIPs 的出现，统一了国际知识产权标准的保护制度，对知识产权的范围、类别、保护和争端解决等问题做出了比较详细的规定，有利于维护各个国家和地区的知识产权不受侵犯和国际知识产权贸易的进一步发展。然而，由于大部分世界先进技术为发达国家所拥有和控制，广大发展中国家如何在使用发达国家先进技术的同时，最大限度地维护自身的利益和提高经济效益，成为其面临的一项重大挑战。

3. 国际知识产权壁垒

所谓国际知识产权壁垒，指超越正当的知识产权保护标准或要求，对国外含有知识产权的商品采取不公平贸易限制的各种措施。与其他非关税壁垒相比，国际知识产权壁垒明显具有隐蔽性、广泛性、针对性、歧视性和报复性。

（1）隐蔽性。知识产权壁垒往往与各国的知识产权立法、执法紧密联系，披着合法的外衣，这是其具有隐蔽性的主要原因。一般的非关税壁垒都主要依靠行政手段或不公开的限制措施发挥作用，其致命弱点和受到经常性谴责的原因在于缺乏法律依据。而知识产权壁垒与知识产权立法、执法密切相关，法律依据公开确凿，法律的主体、客体、边界和解释权均由一国法律当局掌握，法律程序与执法环节复杂，外来竞争者很难尽晓其奥妙。

（2）广泛性。由于目前绝大多数国家已实行了知识产权保护制度，国际贸易中涉及知识产权的商品和服务越来越多，所占世界贸易的比重也越来越大。随着知识经济的加快发展，这一趋势还在不断加强。因此，知识产权壁垒具有一定的递增性和广泛性。

（3）针对性。各国经济发展水平、技术进步程度、知识产权保护力度以及对外贸易竞争能力，都会影响知识产权壁垒的大小。通常来说，知识产权壁垒被用于保护本国领先产业的地位和防止这些产业遭受任何损失。当一个国家的传统产业受到来自外部竞争的威胁时，针对性地延伸使用知识产权壁垒，也是一种常见的应对措施。例如，美国贸易法的"特别 301 条

款"既被用于保护美国的高端产业，如计算机软件、集成电路布图，也被用于保护传统产业，如服装、纺织品等。因此，知识产权壁垒具有特殊的针对性。

（4）歧视性。知识产权壁垒通常出自贸易保护主义的动机，表现为一国对本国产品与外国产品采取歧视性的双重标准。例如，美国、日本、英国、法国等对涉及知识产权较多的平行进口持不同看法，美国认为平行进口违法，但有许多例外，日本认为平行进口合法，但附有条件。又如，各国对冒牌货的认定条件有差异，极易产生双重标准，进而造成知识产权方面的歧视性待遇。

（5）报复性。在有关国家的立法、执法过程中，知识产权侵犯的调查、诉讼、判案、执行等具有完整的法律程序，法律对知识产权侵犯的惩处、报复规定了相应的条款。因此，知识产权壁垒产生的不公平贸易待遇会通过法律上的强制性和报复性，强加于其他国家的出口商。

由于知识产权壁垒的上述特征，近些年来，发达国家凭借自身在知识产权方面的优势对发展中国家的出口产品频繁发动知识产权侵权调查，迫使发展中国家接受某些超出其经济承受能力的知识产权保护要求，这对发展中国家的出口贸易造成了不利影响。

（二）中国应对知识产权壁垒的方法

面对国际知识产权壁垒的严峻挑战，我国政府部门和企业应采取相关措施予以应对。

1. 政府的应对方法

（1）进一步推进国家知识产权战略的贯彻落实。自《国家知识产权战略纲要》发布以来，各地区和部门一直在积极贯彻党和国家的决策安排，努力促进知识产权战略的实施，并且已经取得了明显的进展和成效。已经基本实现了《国家知识产权战略纲要》所设立的目标，这是持续不断付出的结果，对于推动经济和社会的进步起到了极为重要的促进作用。随着知识经济和经济全球化的加深，人们越来越意识到知识产权对于国家的发展战略和国际竞

争力至关重要。落实知识产权战略加强，既是改革核心目标的推进，也是重要行动加速经济结构的升级和优化。

（2）建立知识产权壁垒预警与应急机制。应该设立一个动态数据库，包括有关国家和地区的知识产权壁垒法律、法规以及技术标准。此外，还可以创建一个信息咨询服务的网络。例如，可以设计一种信息发布机制和预警机制，帮助出口企业应对知识产权壁垒，并提供完备的商业决策依据。可以建立专利网络，包括不同行业或专业领域，以帮助企业了解其所处领域内的专利研究发展情况。企业可以通过分析专利网络，找到突破口，从而顺利实现技术创新。同时，相关部门可以利用专利网络提前发现相关问题，及时发出预警，如出口和研发预警等。另外，政府还应积极获取并了解与中国贸易政策相关的国外变化趋势，以及正在实施或计划实施的有关贸易和知识产权限制措施的信息，还需要加强知识产权保护机制的建立和完善，并提高通报和快速响应的能力。这将使我们能够在第一时间评估贸易伙伴政策和措施对相关产业和国际贸易的影响，并判断它们是否符合国际贸易规则。要及时通知相关国内企业，协助它们迅速调整并采取适当的行动，并运用企业资源，积极促进政府与企业的互动。

（3）构建知识产权壁垒管理体系。首先，政府应当成立一个专业的机构，用以提供知识产权壁垒的咨询服务。其次，要提升国内技术标准体系的建设进度，不断与国际标准化的活动进行接轨。除了依赖国际标准，我们需要积极引入更多国内专业标准化人才参与国际标准的制定，以实现国际标准制定过程中的多元化和公正性，从而消除发达国家对国际标准的垄断。

（4）以反垄断法规制滥用知识产权行为。针对跨国企业滥用知识产权的行为，我们应依据法律进行规范。就像一些国家对跨境反垄断进行法律延伸一样，中国也应该在反垄断方面采取相应的对等措施。我们还应成立专门的机构来监管知识产权的使用，以避免滥用，同时要提高法律的明确性和可行性。

（5）合理运用法律手段。针对出口方面的不公现象，中国需要建立一种机制或渠道，以使企业及时向政府反映问题，从而让政府及时掌握民意，并

在必要时启动世界贸易组织争端解决机制。这种做法在法律层面上非常必要。中国应该发挥加入世界贸易组织的成员身份优势，与利益相关方紧密合作，通过谈判和协商，极力减少国外知识产权障碍对我国企业的影响。同时，我国还需要充分了解法律条款，并设置合理的保护条件，以确保自身利益不受到侵害。

（6）强化跨国界知识产权的保护措施，确保知识产权受到公平的保护。对国内外企业和个人的知识产权，我们应平等对待并给予同样的重视和保护。要加强与国际机构的合作，并密切与相关国家和地区在知识产权领域进行交流和合作。加强我国在专利审查领域的国际地位有多种途径，例如提高我国在国际市场上的专利审查业务水平、建立快速处理专利审查的机制，以及加强国际合作等。这样做将有助于巩固我国在专利审查领域的国际影响力。这些努力都应该是在不影响文字本意的情况下进行的。要加强驻外领事馆的知识产权队伍建设，及时掌握各国知识产权政策和法规动态，并积极宣传国际知识产权信息，以提高处理跨境知识产权事宜的能力和水平。要建立并完善多边或双边执法合作机制，推进国际海关间知识产权执法合作。

（7）积极推动建立与完善产品出口的商会、行业协会等专业组织和中介组织，充分发挥其在调研、协调、协商、服务等方面的职能。

（8）与其他发展中国家协同合作，争取在制定和修改世界贸易组织知识产权协定方面发挥积极作用。以 TRIPs 协定来举例，虽然协定规定了在"最不发达国家"可以采取与发达国家不同的知识产权制度，但是对于绝大多数发展中国家来说，这种待遇是不公平的，并违反了世界贸易组织的基本原则。从一定角度来看，TRIPs 协定可以被视为"阻碍发展中国家跨越经济发展的障碍"，因为它更多地维护了发达国家的利益。为了促进全球科技创新和发展，我国需要通过彻底改革 TRIPs 协定的方式，支持发展中国家实施相对较弱的知识产权保护措施，并降低特许权费用负担。

（9）加快对专门人才的培养。政府部门要建立多元化的人才培养机制，着力培养一批有着扎实的贸易知识、熟悉贸易组织规则与实施产权壁垒、精通外语的专业化贸易人才，并且将这些人才作为知识产权预警系统中最主要

的资源形式。

2. 企业的应对方法

出口企业应当密切关注国际市场的消费动向，积极了解最新的国际政策和相关信息，并遵守知识产权出口限制。除了简单地提高出口数量，出口企业应该采用更现代化的发展策略，利用科技进步提升产品的科技含量，降低生产成本，优化产品品质，并通过增强产品功能等方式扩大市场份额。

（1）企业在进行进出口贸易活动时，应当以国际市场消费需求变化为主要参考标准。

（2）面对国外所推行的带有知识产权壁垒性质的相关政策，企业应当形成并加强自己的知识产权意识，要对涉及知识产权问题的相关法律与规则进行深入了解，建立健全完善的知识产权预警体系与机制，有效减少甚至避免知识产权壁垒所带来的经济损失。企业应通过发展具有自主知识产权的主导技术和产品，突破国外的知识产权壁垒。

（3）面对国外滥用诉权和知识产权，应大胆起诉或及时应诉，主动运用世界贸易组织的争端机制进行抗辩。

三、中国对外贸易中的环境保护问题

在当前经济全球化进程中，随着经济增长和生活水平提高，环境问题也日益突出，环境保护理念逐渐被人们所接受和重视。如何对待和处理贸易与环境的关系，成为世界各国关注的焦点之一。中国已进入高质量发展阶段，也应更多地关注对外贸易发展中的环保问题。

（一）国际贸易中环境问题出现的原因

国际贸易中环境问题的出现主要有两个原因：一是一些国家试图利用贸易措施影响其他国家的环境政策，或者以保护环境的名义筑起贸易壁垒，保护本国的利益；二是由于环境问题的全球化，各国所采取的行动对贸易有着重大影响。当前，各国政府已达成的有关臭氧及气候变化的《蒙特利尔议定书》、有关生物多样性的《濒危野生动植物种国际贸易公约》、涉及危险废物

的《巴塞尔公约》等，这些文件都含有与贸易密切相关的内容。

随着国际贸易的发展，贸易与环境的关系问题日益引起世界各国的重视。贸易与环境的结合已是大势所趋。发达国家以保护环境和保障人身安全为由，通过立法制定严格的强制性技术标准，以限制不符合其环保标准的外国产品进口，而发展中国家则强调环境壁垒对其对外贸易的消极影响。

世界各国不断开展国际贸易活动，各国也越来越重视在活动中所引起的贸易与环境关系问题。贸易与环境进行充分结合是时代发展的趋势与潮流。

因为国家的经济发展水平不同，发达国家的生产工艺技术和检验检疫手段都比发展中国家先进，能够提出更高水平的环境要求而将发展中国家的产品拒之门外，从而起到贸易保护的作用。并且，这种保护是一种以保护环境为名的新型壁垒，即绿色壁垒，其形式更为隐蔽，针对性更强。

（二）环境贸易壁垒对中国出口贸易的影响

随着环境保护运动的兴起，国际贸易中出现了以保护环境为由而实行的贸易限制，其被称为环境贸易壁垒或绿色壁垒。这种贸易壁垒对中国对外贸易产生了很大影响，使中国出口产品的竞争力受到了较大冲击。

1. 环境贸易壁垒的特点及表现形式

环境贸易壁垒是指以保护人类和动植物的生命、健康或安全，以及保护生态环境为由而采取的直接或间接限制，它也涉及禁止贸易的法律、法规、政策与措施。

（1）环境贸易壁垒的特点

① 名义合理、合法。保护资源环境、动植物及人类健康，以实现生态可持续发展为目标。这个目标建立在明确的法律基础之上，如今已经被广泛认可和接受，无论是在国际和国内以及企业和消费者层面。

② 内容广泛而系统。这不仅包括低级产品，还涉及所有中间产品和工业制成品；这不仅与自然资源环境有关，同时也会直接影响动植物和人类的身体健康；除了产品的制造与销售，还涉及生产的模式和流程；该问题不仅

与法律法规相关，还涉及产品标准；这不仅涉及产品的内在质量，还包括外观和包装等方面。

③ 形式复杂且技术性强。发达国家依托其科技优势，制定严苛的农牧业标准与法规，确保农牧业生产、加工和贸易有序进行。这些标准和法规涵盖了产品在生产、使用、消费和处理过程中的各种要求，其中大量应用了科技手段。

④ 发展多变且具有隐蔽性。许多发达国家借助环保名义实施贸易保护主义，通过采取弹性化的管理措施、检测要求和标准等手段，使得出口方难以准确理解规则的意义和预测可能发生的变化。因此，与其他非关税壁垒相比，避开贸易伙伴的抨击更容易实现环境贸易壁垒的目的。此外，其检验标准千奇百怪，又极为烦琐，导致出口国，尤其是那些发展中国家难以及时应对，从而遭受不必要的损失。

⑤ 具有歧视性和不公正待遇。不同国家在制定政策和标准时，主要考虑本国的资源技术条件、生产者和消费者的需求。有些标准是专门为出口国或其产品设计的，这可能会导致出现明显或隐含的双重环境标准。这些措施和标准的执行存在着偏袒本国生产者、不公平待遇外国出口商的倾向。

⑥ 影响范围广且具有争议性。实施环境保护贸易障碍措施容易被其他国家效仿并快速传播，这将导致该做法跨越传统行业并波及高科技产业，进而产生广泛的连锁反应和影响。然而，由于标准的不一致性和协调的困难，各国之间常常会出现意见分歧和贸易纠纷。

（2）环境贸易壁垒的表现形式

① 环境技术标准。发达国家凭借自身科技水平较高的优势，专门订立一些严格的强制性的环保技术标准，限制国外尤其是发展中国家商品的出口。这些标准是根据发达国家的技术水平制定的，对于发达国家来说是可以达到的，但对于发展中国家则是难以达到的。

② 卫生检疫检验制度。关税及贸易总协定通过的《卫生与动植物卫生措施协议》规定各成员方政府有权采取措施，保护人类与动植物的健康，使人、畜免遭污染物、毒素、添加剂的影响，确保人类免遭进口动植物携带疾

病而造成的伤害。为保护国内消费者的利益，各国海关、商检机构都制定了种类繁多的卫生检疫制度，以对进口商品的品质进行检测和鉴定。大多数发达国家对食品、药品的进口制定了严格标准，其食品安全卫生指标、农药残留、放射性残留、重金属含量、细菌含量等指标的要求极为苛刻。发展中国家由于受生产水平和技术条件的限制，其出口发达国家的农产品、食品、药品等受到了极大影响。

③　环保标志。环保标志也称为生态标志或环境标志，是由政府部门按照严格的程序和环境标准颁发给厂商印在其产品及包装上的一种图案，用以向消费者表明该产品从生产、使用到回收处理的整个过程均符合环保要求。发展中国家的产品为了获得这种"绿色通行证"，一方面要花费大量的检验、测试、评估、购买仪器设备等费用，另一方面还要支付不菲的认证申请费和标志使用费。

④　环保包装。环保包装材料是一种可节约资源、降低废弃物量、易于循环利用、可自然分解且不会造成环境污染的包装方式，在发达国家已得到广泛应用。目前，发达国家纷纷推动包装材料的简化和环保化，并制定了各种法规，如要求使用可循环、可回收的包装材料，或者使用多功能包装等，甚至采用纸质包装来替代塑料包装。尽管"环保包装"法规在保护环境方面发挥了积极作用，但同时它也对出口商的成本施加了压力，为发达国家给自己设定制造环保壁垒提供了合法借口。

⑤　环境关税和市场准入。出于环保考虑，一些发达国家采取进口税、进口限制、进口禁止或贸易制裁等措施，来限制那些可能污染环境和破坏生态平衡的商品进口。

⑥　环境补贴。为了让环境和资源的价值得到体现并受到保护，我们必须将环境和资源的成本纳入企业成本中，使得环境和资源的成本得到内在化。一些发达国家采用将高污染产业转移到发展中国家的方式，将环境成本转嫁到其他地区。然而，这一做法导致了发展中国家环境成本的上升。还有一点要指出的是，在发展中国家中，大多数企业无力负担治理环境污染所需的费用。在这种情况下，政府有时会提供环境补贴来支持这些企业。发达国

家以此为借口，限制发展中国家向其出口商品，声称这些补贴违反了世界贸易组织的规定。

2. 环境贸易壁垒对中国出口贸易的具体影响

（1）对农产品和食品出口的影响

① 严格的技术标准，直接限制了中国农产品和食品出口。发达国家在实施环境贸易壁垒的过程中，通过立法形式制定严格的技术标准，限制外国产品进入本国市场。对于中国而言，发达国家在生产、包装、处理等方面的苛刻技术要求，极大地抑制了中国农产品和食品的出口。

② 严格的环保标准，削弱了中国传统农产品和食品的出口优势。在传统农产品和食品国际贸易中，中国的花生、茶叶、蜂蜜等产品长期处于优势地位。但随着发达国家提出"自然食品""生态食品"等口号，它们对产品包装标准也提出了新的要求，部分中国农产品和食品已难以达到发达国家要求的标准。

③ 严格的绿色卫生检疫制度，增加了中国农产品和食品开拓国际市场的难度。发达国家制定了一系列严格且烦琐的卫生检疫制度，阻止外国农产品和食品进入本国，并且利用世界贸易组织协议中关于环境问题规定的漏洞打"擦边球"，实行贸易歧视，这增加了中国农产品和食品开拓国际市场的难度。

（2）对机电行业的影响

欧盟最早设置了针对机电产品的严格技术性贸易壁垒。CE 标志是工业品进入欧盟市场的通行证，欧盟各国海关有权拒绝未加贴 CE 标志的产品入关。美国则对电子产品进口设置了《控制放射性的健康与安全法》，对汽车制定了《空气净化法》和《防污染法》，不达标的产品将被拒之门外。日本也制定了名目繁多的技术法规和标准，对机电产品的限制是 JIS 标准，其中许多项目高于国际标准，不达标就不能进入日本市场。国外环境贸易壁垒现已涵盖机电产品的研发、生产、加工、包装、运输、销售和消费的全过程，是中国机电产品出口的一大障碍。

（3）对纺织服装及染料行业的影响

纺织服装业是中国的主要传统产业，其产品出口在我国出口总额中占比较大。近年来，国外对纺织品服装生产过程中的印花、染色和后期整理等工艺中使用化学物质的要求日益严格。例如，欧盟 REACH 法规[①]条款规定，若物品中含有高度关注的物质（substances of very high concern，SVHC）候选清单中的物质，且该物质的质量分数和出口量达到一定要求，将触发企业相关责任。截至 2019 年 7 月 16 日，SVHC 清单中的物质已增加到 201 种。美国也提出对非环保染料的限令性要求，对纺织品中的偶氮染料、甲醛、五氯苯酚、杀虫剂、有机氧化物等的含量都实施了严格限制。由于进口染料价格较国产染料普遍高出 3～5 倍，纺织企业若使用进口染料，将使纺织品出口价格上涨，进而影响产品的整体竞争力。

（4）对皮革行业的影响

近年来，中国皮革制品出口量较大。由于皮革行业属于典型的重污染行业，其遭遇的环境贸易壁垒更为繁多。欧盟 REACH 法规的实施，对中国的皮革化工、制革、皮革制品等行业产生了较为深刻的影响。为了获取认证，中国皮革企业不仅要支付大量的检验、测试、评估、购买先进仪器设备等间接费用，还必须支付较高的认证申请费和标志的使用年费等直接费用，这导致出口产品成本大幅上升。若产品检测结果不合格，则该产品可能由于未达到 REACH 法规要求而导致贸易失败。

（5）对包装行业的影响

近年来，发达国家对商品包装材料的要求迅速提高。例如，美国禁止使用稻草捆扎商品或作为包装的填充材料，英国则要求必须事先进行杀菌、灭虫等预防处理。德国要求纸箱包装材料表面不能上蜡、涂油，也不允许涂上塑料、沥青等防潮化学物。欧盟规定，包装材料的设计、生产和销售必须使其能够再利用和再生产，严格管制不可回收和不可降解材料的使用。日本也规定，制作购物袋等包装物所用的塑料必须是生物降解性塑料。虽然中国近

---

① REACH：registration，evaluation，authorization and restriction of chemicals，即化学品注册、评估、许可和限制，是欧盟对进入其市场的所有化学品进行预防性管理的法规，于 2007 年 6 月 1 日正式实施。

年来在适应国际潮流和加强自身环保方面付出了较大努力，但对比国际上高标准的要求仍有一定差距。

（6）对其他行业及产品的影响

中国陶瓷尤其是各类陶瓷餐具中的含铅量、烟草中的有机氯含量、玩具中的软化剂以及鞋类的黏着剂含量，均存在超标或被国外禁用等问题。合成洗涤剂是中国的主要洗涤材料，但因其对水体污染严重，发达国家的环保法规对生产合成洗涤剂使用的各种化学物质有着严格限制，尤其对三聚磷酸钠、烷基苯磷酸钠、荧光增白剂等物质的含量提出了严格要求。综上所述，环境贸易壁垒已越来越广泛地影响中国出口产品及相关产业，是中国扩大出口贸易的巨大障碍。

（三）中国对外贸易发展对环境的影响

1. 出口贸易造成的环境问题

中国承受着原料药生产带来的严重污染，而原料药的生产又恰恰是整个生产环节中利润最低的一环。长期以来，由于国内资源税和资源补偿费过低，加之环境污染没有真正被计入企业成本，资源性产品过度供给，相应刺激了下游重化工业的过度投资，并且导致高耗能、高污染、资源密集型产品大量出口。这相当于用中国的资源和原材料去补贴国外消费者，同时把大量污染留在国内，造成中国居民福利的净损失。

2. 进口贸易造成的环境问题

中国曾一度进口数量较大的象牙、虎骨、豹骨、犀牛角等野生动物制品。这些产品的进口极不利于国际珍稀濒危物种的保护，国家现已明令禁止进口，但管理任务仍相当繁重。沿海地区从美国、日本、西欧、中国香港等20多个国家和地区进口大量旧船拆卸废钢，使油污、船锈以及电焊渣等污染物直接排入滩涂、江海中，给人工养殖带来严重危害。中国每年从国外进口废金属、废纸等废旧物资，如果管理不善，也会导致"洋垃圾"入境。随着中国废弃物资源进口量的增长，非法废弃物进口屡禁不止，反而造成了严重的环境问题。

（四）对外贸易与环境协调发展的方法

面对世界贸易发展新趋势以及国内构建"双循环"新发展格局的现实，我国应制定和完善经济与对外贸易的可持续发展战略，使对外贸易在可持续发展的良性循环中健康发展，并在数量增长的同时，实现对外贸易发展的实质性目标。

1. 制定并完善贸易与环境协调发展的政策

（1）把握对外贸易与环境保护关系，均等政策协调力度。一方面，应通过相关贸易与投资政策的制定和执行，防止和抑制国外有害废弃物及环境污染产业向国内转移，鼓励和引导相关环境技术的引进和运用，同时要限制有害废物和化学品的出口，防止污染进一步扩大；另一方面，应通过税收、收费及运用环境标志等政策措施，促进国内生产方式的逐步转变。

（2）完善对外贸易政策，遵守世界贸易组织有关原则

我国一方面应积极应对国外以保护环境为名而实施的贸易保护措施，有效利用世界贸易组织有关贸易争端的解决规则和机制，维护国家经济利益；另一方面，更为重要的是，要进一步完善我国对外贸易政策，使对外贸易政策既充分顾及环境保护，同时又不会因此而制约贸易发展。这也符合世界贸易组织有关贸易与环境的规定。

（3）加强环境保护立法，落实环境保护措施

首先，主动落实在多边贸易协定和多边环境协定中达成的协议，并使之转化为国内立法，以履行成员方的义务；其次，广泛实施世界贸易组织所允许的绿色环保措施，如环境税收等；最后，强化环境国际标准的实施与管理。在现阶段，应继续推广和实施 ISO 14000 产品环境标准。ISO 14000 强调根据本国环境状况，符合本国而非出口市场所在国的环保法律法规，这体现了贸易对等原则，有助于消除技术性贸易壁垒。

（4）借鉴欧盟贸易与环境协调机制的经验

欧盟在协调环境与贸易关系上有两个好的做法：一是为保障贸易自由化，欧盟在环境标准的协调上采取多种不同的方式，如对有的产品制定统一

标准，对有的产品制定最高标准或最低标准；二是为协调贸易自由与环境保护之间的关系，欧盟让其司法机关和立法机构发挥重要作用，欧盟立法机构通过发布具有法律约束力的指令来指导成员的行动。上述做法值得我国借鉴。

2. 实施可持续发展的对外贸易战略

（1）建立和完善环境经济核算体系，实现贸易与环境的均衡发展

我国可以学习国外的成功经验，根据本国的国情，制定适合本国环境和经济特点的分析方法和政策体系。要通过数量化的研究方法，探究环境变化对资源、人类健康和社会经济的影响，还要考虑消耗不可再生资源、可再生资源的变化、环境的恢复与破坏，以及污染控制等相关因素。要将这些因素计入社会成本核算，逐步实现资源和环境的商品化，并通过合理的定价促进资源的集约使用和有效管理。同时，要鼓励公众以有偿的方式维护环境和消耗资源，以推动可持续发展。

（2）调整出口商品结构，大力发展环保产业

应当关注环境全球化问题，并深入研究发达国家的绿色消费趋势。应该大力推广清洁生产，激励研发环保型产品，同时推动企业将环境保护纳入重要的价值观中。这个方法能够保证环境保护标准成为高品质产品的重要组成部分，从而构建一个可持续发展的出口贸易商品架构。应该视发展绿色产业为调整出口产业结构的关键方向，并采取战略性产业政策来促进其蓬勃发展。可以通过实施财政、税收、金融等措施来促进企业规模经济效应的形成，并加强企业的环保能力，从而帮助我国的出口产品克服绿色贸易障碍。此外，还要加大环保产品国际贸易的力度，为出口产业的发展提供有力的硬件支持。

（3）实施绿色高科技战略，提高产品的技术含量

为进一步增强国际合作与交流，我们需要关注世界科技前沿，积极引入国外先进的清洁生产、污染治理和废弃物综合利用技术。要有计划地设立研究开发基地，专注于环保领域的高新科技和产品。除此之外，要致力于推广高新技术的孵化和辐射基地，并专注于自主研究核心技术和领先产品的知识

产权保护。要通过技术引进和自主开发相结合的方式，提升产品和技术水平，实现升级换代。绿色高科技壁垒其实就是环境壁垒，企业要想打破这一难题，关键在于提升产品的科技含量。

（4）实施绿色高科技战略，提高产品的技术含量

为了不断提高环保水平，我们需积极与世界各地的科技领袖们进行交流和合作，学习最先进的技术成果。为了推动环保产业的发展，我国应积极引进国外先进的清洁生产技术、污染治理技术以及"三废"综合利用技术。为了推进自主创新和领先产品的研发，我国需要系统地规划和建立研发基地，同时孵化、扩散高新技术，以能够获得核心技术和前沿产品的所有权。同时，要采取引进技术和自主开发的方式，以期长期不断地升级和更新产品和技术。实际上，环境壁垒主要以绿色高科技作为核心手段。想要应对国外环境壁垒的挑战，企业必须加强产品的技术创新。

（5）推行 ISO 14000 国际认证

我国应该学习国外企业成功的经验，并推行 ISO 14000 环境管理体系认证工作，以确保标准化工作的有效进行。同时，要通过颁发"绿色标志"来表彰那些通过该项认证的企业。为了确保避免贸易上的问题，我国需要制定全面的国内环境标准和技术规定，并积极参与国际标准的互相认可。此外，还需要签署多边协议或双边协议，以确保遵守贸易制度的规定。此外，环境认证制度也需要得到进一步的制定和完善。在考虑环境标准化工作时，我国需要保持冷静并逐步提高标准要求，在此过程中，我国可以优化资源利用，降低产品成本，并增强国际竞争力。

（6）利用世界贸易组织机制，抵制"绿色保护主义"行为

为了维护自身的经济利益，我国要主动利用世界贸易组织的多边贸易协议，妥善解决争端的机制，制定相应的惩罚措施，并且坚守平等对待和特殊优惠待遇原则，确保发展中国家受到合理的待遇。在发生环境贸易争端时，我国需要按照相关规定和原则，向受到影响的国家和国际组织提出协商与谈判的建议，以期得到共识并解决争端。在参与国际贸易的过程中，我国需时刻坚守权利和义务相称的准则。换句话说，在享受与贸易相关的好处的同时，

我国也应该承担与中国经济和社会发展程度相匹配的环境保护责任。此外，我国需要反对西方国家利用环境保护作为掩饰，实际上却采取以自我利益为先、对邻国置之不理的新型保护主义做法，应该积极参与世界贸易组织制定和修改与环境有关的贸易规则，以防止各国将环境问题作为贸易壁垒。这样可以为我国企业在开展国际经济贸易活动时争取更多的主动权。

第二节　中国对外贸易发展的优势

一、丰富的劳动力资源

中国拥有庞大的劳动力资源，可以提供劳动密集型产业。中国丰富的劳动力资源一直是其对外贸易发展的主要优势之一。具体来说，这主要表现在以下几个方面。

（1）数量众多。中国是全球人口最多的国家，其劳动力总量庞大。这一特点为中国提供了充足的人力资源，使得中国在很多劳动密集型产业中具有明显的优势，如制造业、建筑业、纺织业等。

（2）劳动力成本较低。相对于许多发达国家，中国的劳动力成本仍然较低。这使得中国在国际贸易中拥有成本优势，吸引了大量的外商投资，并使得中国的商品在国际市场上具有竞争力。

（3）劳动力素质提高。随着教育水平的提高和职业技能培训的普及，中国劳动力的素质也在不断提高。这不仅提升了生产效率，也使得中国的劳动力能够适应更复杂和高级的工作岗位。

然而，尽管中国的劳动力资源丰富，但仍面临着一些挑战，例如劳动力成本的逐渐上升，以及由于人口老龄化带来的劳动力供应下降的问题。未来，中国需要更好地发挥其劳动力资源的优势，例如通过教育和培训提升劳动力素质，通过改善劳动条件和环境吸引与留住优秀人才，以及通过优化产业结构，实现从劳动密集型向技术和知识密集型的转变。

二、巨大的市场规模

中国是世界上人口最多的国家，具有庞大的内需市场，对国内外企业都具有极大的吸引力。这一点可以从以下几个方面进行详细的论述。

（1）迅速增长的中产阶级。随着中国经济的不断发展，其中产阶级人口也在持续扩大，他们对高质量产品和服务的需求也在不断增加，这为各类产品和服务提供了广阔的市场空间。

（2）地理位置优势。中国位于亚洲的中心，有着与多个经济体直接相连的地理优势，这使得中国可以更容易地接触到这些国家和地区的市场。

（3）政策引导。中国政府提出并实施了一系列的政策，如"一带一路"倡议等，旨在提升与其他国家的经济贸易合作。这些政策推动了中国市场规模的扩大，同时也为外国投资者提供了更多的机会。

（4）市场化改革。中国持续推进的市场化改革，有利于扩大市场规模，能够进一步吸引国内外的投资。市场化改革不仅意味着对外开放，也表示政府对市场的有效管理，这对于保持市场稳定、吸引外资起到了关键的作用。

总的来说，中国巨大的市场规模提供了丰富的商业机会，使得中国在全球化的经济体系中占据重要地位。然而，我们同时也要看到，巨大的市场规模也带来了竞争激烈、市场复杂等挑战。在此背景下，要充分发挥中国市场的潜力，就需要综合考虑这些因素，对市场有深入的理解，采取有效的战略和手段。

三、完整的产业链

中国已经形成了从原材料到最终产品的完整产业链，这对于保持对外贸易的稳定性和竞争力有着至关重要的作用。

中国是全球最大的制造业国家，拥有完整、多样化的制造业体系。从低端的消费品到高端的高科技产品，如电子设备、汽车、机器人等，中国的制造业涵盖了几乎所有类型的商品。

中国的供应链网络非常发达，由数以万计的供应商、制造商和分销商组成。这使得中国能够快速、有效地进行大规模生产。

中国政府通过提供税收优惠、财政补贴等方式，支持关键产业的发展，尤其是新兴产业，如新能源、生物科技等。这有助于维护和提升中国在全球产业链中的地位。

总的来说，中国的完整产业链是其对外发展的重要优势之一，不仅可以满足国内需求，也可以支持其在全球范围内提供各种产品和服务。然而，这也要求中国不断推进技术创新，提高产业链的附加值，以应对全球经济环境的变化和竞争压力。

四、不断提升的技术实力

虽然在一些高端技术领域中国仍在追赶，但在很多领域，尤其是在电子商务、移动支付、5G 通信等方面，中国已经走在了世界的前列。以下是几个关键的论述点。

（1）科技创新。中国在一系列领域取得了显著的科技突破，其中包括人工智能、5G 通信、量子计算、生物科技、新能源技术等。这些技术的发展不仅加强了中国的产业链，也使得中国在全球科技竞争中获得了有利的地位。

（2）研发投入。中国的研发投入已经位居全球前列。这种大规模的研发投入推动了中国的技术创新，提升了中国在全球科技领域的影响力。

（3）教育和人才培养。中国在科技教育和人才培养上投入巨大，每年都有大量的 STEM（科学、技术、工程和数学）专业毕业生进入市场，这为中国提供了丰富的科技人才储备。

（4）知识产权保护。中国已经逐步加强了对知识产权的保护，为科技创新提供了法律保障。这有助于推动技术转让和商业化进程，也能增强外国投资者对中国市场的信心。

（5）政府的支持和引导。中国政府大力支持科技创新，制定了一系列政策和计划，以推动科技创新和产业升级。例如，"中国制造 2025"和"互联

网+"等政策,都旨在推动中国的科技实力提升。

(6)科技企业的崛起。中国的一些科技企业,如华为、阿里巴巴、腾讯、字节跳动等,已经在全球范围内展现出了强大的竞争力,这充分证明了中国在科技领域的实力。

综上所述,中国在技术实力方面的不断提升,使其在全球经济竞争中占据了有利地位,也为中国未来的对外发展创造了更多的可能性。然而,这也要求中国继续推进科技创新,提升科技水平,以满足日益复杂和竞争激烈的全球市场需求。

五、基础设施建设

近年来,中国在基础设施建设上取得了显著的进步,这不仅包括物流设施,也包括通信、金融等各种现代服务设施,为对外贸易的发展提供了强大的支持。

(1)大规模的基础设施投资。过去几十年里,中国政府投入了大量的资源在基础设施建设上,包括交通、能源、通信、城市建设等方面。这种大规模的基础设施建设,为中国经济的快速发展提供了基础。

(2)交通运输设施。中国拥有全球最大的高速公路网络和高铁网络,而且在航空、港口、公路等交通运输设施建设上也取得了显著的成就。这使得中国能够有效地连接各地的市场,提高物流效率。

(3)信息通信设施。中国在通信基础设施建设上的投入巨大,5G 网络的覆盖已经在全球范围内领先。这为数字经济的发展提供了强大的支持。

(4)能源和工业设施。中国在能源设施和工业设施上的建设也非常全面,包括电力、天然气、石油等基础设施,以及各类工业园区,这为产业发展提供了必要条件。

总的来说,中国的基础设施建设为其经济发展和对外开放提供了强大的支持。然而,这也要求中国继续投入资源,保持基础设施的更新和维护,以适应经济发展和技术变化的需求。同时,中国也需要进一步推动基础设施的绿色和可持续发展,以应对环境和气候变化的挑战。

六、国际交流合作

中国积极参与全球治理，与世界各国加强交流合作，旨在提升中国对外贸易的国际地位。以下是一些主要的论述点。

（1）全球影响力。中国是全球最大的经济体之一，同时也是联合国安理会的五个常任理事国之一。中国的经济和政治影响力使得它在国际交流合作中占据了重要的位置。

（2）"一带一路"倡议。这是中国发起的一项大规模的经济和基础设施合作计划，涵盖了亚洲、非洲、欧洲和拉丁美洲的许多国家。"一带一路"倡议通过增强区域连接性和经济合作，增进中国与其他国家的交流和合作。

（3）科技交流合作。中国与许多国家在科技领域进行了深入的交流和合作，包括联合研究、人才交流等。这种合作有助于中国提升科技水平，同时也能推动全球科技的发展。

（4）贸易合作。中国是全球最大的商品贸易国，与众多国家和地区都建立了深入的贸易关系。同时，中国也积极推动与更多国家建立自由贸易区，以推进贸易自由化和经济全球化。

（5）全球治理参与。中国积极参与全球治理，包括在气候变化、公共卫生、经济发展等问题上的合作。这有助于中国在全球问题的解决中发挥更大的作用，同时这也能提升中国的国际形象。

总的来说，中国积极的国际交流合作是其对外发展的重要优势。然而，这也需要中国在国际交流合作中持续发挥建设性的作用，尊重多边主义，推动共同发展，以维护全球和平与稳定，推进全球经济发展。

第三节　中国对外贸易发展的机遇

一、国际制造业重返有力推动我国制造业改革

受到目前形势的影响，一些国家的企业在复工、复产、停工和停产时面

临了很大的挑战，全球供应链不断地中断，导致出现了巨大的市场供需缺口。中国已经建立了全球最大、最全面、最完善支持制造业的供应链体系，在过去几十年的努力和发展中，取得了长足的进步。目前，中国已经连续 11 年成为世界上生产制造业产品最多的国家，其中超过 220 种工业产品产量居全球首位。中国的经济长远发展稳中向好，资源丰富，劳动力充沛，社会稳定。中国在当前情况下具备突破供应链限制、重新获得大量订单的最佳选择机会，因为其产品生产能力有保障，在成本、质量和效率等方面具有优势。近年来，许多企业因为获得了激励、刺激等优厚条件，将其供应链从中国迁出，但现在它们又选择重新回到中国。随着越来越多的制造公司将生产线回迁至中国，中国正在巩固其在全球产业链中的核心地位。中国制造业正面临着一种新的历史机遇，即全球供应链与国内制造业之间的紧密度增强，有助于加速我国制造业改革的进程。同时，这也推动了中国制造业从大国走向强国的道路。中国目前在全球产业链分工中涵盖了多个行业，其中包括以传统劳动密集型产业为代表的服装鞋帽、家具和玩具等行业，以及具有一定技术和资本密集型的元器件加工、代工贴牌等行业。此外，中国还拥有部分高附加价值的高端供应链上游产业，其中包括具有自主知识产权和品牌的行业。

传统的劳动密集型产业对技术含量与资本门槛的要求均有限，并呈现出劳动密集的特点，从而有着极强的可替代性。为了解决低水平生产能力过剩、高水平生产能力不足的问题，企业应当加强技术创新能力水平，增加产品科学与技术的含量与附加值，从而提升产品的国际竞争力。

二、产业链自主可控能力提升带来新市场机会

中国在全球产业链中扮演着重要角色，这也是全球化下分工协作优势的表现。市场经济体制的资源优化配置成果为其赢得了这样的地位。近年来，我国在集成电路、系统软件、高新技术制造加工设备等领域受到了影响。因而，我国需加强对基础科学的研究，以提高基础产业的整体质量水平，包括但不限于基础零部件、基础工艺和关键基础材料等方面。同时，应当专注于提高产业链的自主可控能力，从而应对关键技术和难题。

在新冠疫情暴发之前，跨国企业通常会根据产品制造的工艺流程和生产环节进行分工，以组织生产活动。然而，新冠疫情的暴发使得企业需要在保证经济效益的同时，也要考虑产业链各个环节的稳定性和可控性。为了优化布局，全球各国和企业倾向于将生产过程和环节集中在一个特定国家或地区进行。中国的供应商们可以联合形成产业群，一同融入产业链，也可与跨国公司合作进行洽谈，开辟全新的市场机遇，实现更广泛的利益空间。

我国正在致力于构建具有自主、完整、具有韧性和弹性的产业链和供应链，注重强调其稳定性和竞争力，以符合国家的发展规划要求。在国家的引领下，我国将整合企业、研究机构和高校等各方力量，联手解决难题，促进技术创新。据估计，我国可能在半导体、操作系统、特种材料和关键元件等多个领域的核心技术方面取得突破，并且推出一系列高新技术产品。这些产品拥有独立的知识产权和竞争力，可在市场上注入新的动力。此外，我国还将在新能源、新材料、先进制造、航空航天、物联网、生物技术等战略性新兴产业链上进一步发挥领导作用，引领科技创新和产业变革，以期取得先发优势。

三、全球经济复苏为我国对外贸易创造新机遇

随着一些重要经济体逐渐提高疫苗接种率，全球国家开始逐步放松新冠疫情防控措施，并实施多项促进经济发展的政策。这一趋势使得全球经济正在逐步稳定并恢复增长。随着消费者信心指数和商业预期的回升，海外顾客的购物欲望也在不断提升。最新发布的《全球贸易更新报告》指出，随着货物贸易的逐渐复苏，全球贸易呈现出增长态势，并且将以相对较快的步伐继续增长。随着全球经济的恢复，人类的生产与生活正逐步回归常态，整体需求状况有了明显改善，比以往提高了很多。

随着"一带一路"倡议的不断深入落实，我国与共建国家的合作呈现出日益扩大的趋势，合作领域和规模不断拓展。尽管在新冠疫情初期我国的对外贸易受到了严重影响，但与共建国家的贸易总额却在逆势增长。"一带一路"倡议促进了商务部、海关、信保等多个政府机构以及广东、浙江等多个地区出台推动政策和实际行动，加速了相关领域的进步和发展。这将成

为我国对外贸易合作的新动力,可促进调整国际市场布局,并为我国带来全新的发展机遇。

四、全球数字化、信息化领域飞速发展牵引巨量需求

信息技术正呈现出迅猛发展的态势,信息技术的应用也越来越广泛,全球发展呈现出显著的数字化与信息化的特点。数字化不仅表现在企业中,同时也渗透在政府与个体之间。数字化的转型也颠覆性地变革了政府、企业与个人之间的联系方式与手段。在全球范围内的企业,将推进工作数字化作为公司发展的必要进程。

随着时间推移,越来越多的人逐渐接受和采用非接触式的生活方式,其中包括远程办公、在线共享、电子商务、线上问诊、在线教育等数字化领域。这些领域的全球需求量也在快速增长。随着人工智能、大数据分析、云端存储和物联网等技术的迅猛发展,以及机器人制造技术也在不断更新并得到广泛应用,这些技术将会彻底改变各个产业的工作方式和组织形式,为产业升级和技术创新带来强劲的推动力。此外,这一趋势将推动新型基础设施和设备市场的快速崛起,加快 5G 网络建设和数字经济硬件产业的发展。

数字化和信息化技术的应用,能够加速获得市场信息,精准挖掘潜在客户,促进高效沟通交流,方便物流和金融服务,并促进传统产业链数字化升级。

五、庞大的国内需求拉动我国对外贸易发展

近些年来,我国的经济发展水平不断提升,经济实力有了显著发展,国内消费市场的需求日益扩大。"十四五"规划明确阐述了以国内大循环为主体、国内国际双循环相互促进的新发展格局。实现国内消费需求的扩大,成为我国今后发展的重点工作。我国拥有庞大的消费群体,近些年来,国家经济发展水平不断提高,国民收入不断增长,因此我国消费者的消费需求旺盛,不仅对国内产品有强烈的消费意愿,而且对国外进口商品也有巨大的消费需求。

参考文献

［1］杨杨，王美玲，马春燕. 中国经济与对外贸易概况［M］. 西安：西安交通大学出版社，2016.

［2］罗红希. 民国时期对外贸易政策研究［M］. 长沙：湖南师范大学出版社，2017.

［3］杨来科. 中国对外贸易的隐含碳测度［M］. 上海：上海人民出版社，2017.

［4］景瑞琴. 中国对外贸易［M］. 上海：复旦大学出版社，2014.

［5］邓柏盛. 中国对外贸易与环境质量的理论与经验研究［M］. 西安：西安交通大学出版社，2018.

［6］李辉，范晓男. 中国对外贸易概论［M］. 北京：对外经济贸易大学出版社，2014.

［7］李敏华. 对外贸易概论［M］. 北京：中央广播电视大学出版社，2014.

［8］佟家栋. 中国对外贸易导论［M］. 北京：首都经济贸易大学出版社，2006.

［9］张曙霄. 中国对外贸易结构论［M］. 北京：中国经济出版社，2003.

［10］廖庆薪，廖力平. 现代中国对外贸易概论［M］. 广州：中山大学出版社，2000.

［11］陈晓燕. 经济全球化背景下我国对外贸易发展研究［J］. 全国流通经济，2023（6）：24-27.

［12］王琳嘉，邱浩文. 对外贸易对中国宏观经济的影响分析［J］. 现代商业，2023（6）：36-39.

［13］成晓丽. 我国对外贸易经济中面临的问题与解决办法［J］. 商展经济，2023（5）：75-77.

［14］包振山，韩剑，翁梅，等. 数字经济如何促进对外贸易高质量发展［J］. 国际经贸探索，2023，39（2）：4-20.

［15］张永梅，李岳. FDI、对外贸易与河南省经济增长：基于 VAR 模型的研究［J］. 北方经贸，2023（2）：126-131.

[16] 李众宜，孙雨. 对外贸易依存度与农业经济高质量发展研究：以山东省为例 [J]. 商展经济，2023（3）：62-64.

[17] 叶俊威，谢长青，邵靖元，等. 广东省对外贸易与经济发展的关系研究 [J]. 北方经贸，2023（1）：118-123.

[18] 丁益，凌峰. 安徽省对外贸易对经济的增长影响分析 [J]. 商业观察，2022（29）：66-69.

[19] 朱昌昊. 天津市对外贸易与经济发展关系的研究 [J]. 价值工程，2022，41（21）：49-52.

[20] 于志升. 国际经济贸易发展趋势与我国对外贸易战略选择 [J]. 中国商论，2022（3）：4-6.

[21] 邓重斌. 江西 FDI、对外贸易与经济增长关系研究 [D]. 南昌：江西科技师范大学，2022.

[22] 徐子涵. 中国数字经济发展对出口贸易转型升级的影响研究 [D]. 兰州：兰州财经大学，2022.

[23] 肖琴月. 山东省出口贸易对经济增长的影响研究 [D]. 太原：山西财经大学，2022.

[24] 关舟斐. "一带一路"重点省份金融发展对对外贸易影响研究 [D]. 连云港：江苏海洋大学，2022.

[25] 单文. 基于复合分位数回归方法的我国对外贸易进出口总额预测研究 [D]. 烟台：山东工商学院，2022.

[26] 余红英. 安徽省能源消费、对外贸易及经济增长动态关系研究 [D]. 淮北：淮北师范大学，2022.

[27] 王焱. 中国的贸易不确定性及其对进出口贸易的影响研究 [D]. 长春：吉林大学，2022.

[28] 高松贺. 中国贸易开放度对居民消费水平的影响研究 [D]. 保定：河北大学，2022.

[29] 王蕊超. 我国对外贸易结构对产业结构的影响研究 [D]. 哈尔滨：哈尔滨工业大学，2022.

[30] 佩妮. 中国直接投资对东盟对外贸易的影响 [D]. 南宁：广西大学，2022.